# 油价真相

[加] 罗伯托·F.阿吉莱拉（Roberto F. Aguilera）
[瑞典] 马里安·拉德茨基（Marian Radetzki） 著
常毓文 梁涛 译

# THE PRICE OF OIL

石油工业出版社

图书在版编目（CIP）数据

油价真相 /（加）罗伯托·F.阿吉莱拉，（瑞典）马里安·拉德茨基著；常毓文，梁涛译. —北京：石油工业出版社，2017.9
书名原文：The Price of Oil
ISBN 978-7-5183-1852-0

Ⅰ.①油… Ⅱ.①罗… ②马… ③常… ④梁… Ⅲ.①原油价格—研究 Ⅳ.①F407.22

中国版本图书馆CIP数据核字（2017）第070050号

*The Price of Oil*, 1st edition (978-1-107-52562-7) by Roberto F. Aguilera, Marian Radetzki first published by Cambridge University Press 2016
All rights reserved.
This simplified Chinese edition for the People's Republic of China is published by arrangement with the Press Syndicate of the University of Cambridge, Cambridge, United Kingdom.
© Cambridge University Press & Petroleum Industry Press 2017

This book is in copyright. No reproduction of any part may take place without the written permission of Cambridge University Press and Petroleum Industry Press.
This edition is for sale in the People's Republic of China (excluding Hong Kong SAR, Macau SAR and Taiwan Province) only.
此版本仅限在中华人民共和国境内（不包括香港、澳门特别行政区及台湾地区）销售。

本书经Cambridge University Press授权石油工业出版社有限公司翻译出版。版权所有，侵权必究。
北京市版权局著作权合同登记号：01—2017—5013

油价真相
[加] 罗伯托·F.阿吉莱拉　[瑞典] 马里安·拉德茨基　著
常毓文　梁　涛　译

出版发行：石油工业出版社
　　　　　（北京市朝阳区安华里二区1号楼 100011）
网　　址：www.petropub.com
编 辑 部：(010) 64523609　图书营销中心：(010) 64523633
经　　销：全国新华书店
印　　刷：北京晨旭印刷厂

2017年9月第1版　2017年9月第1次印刷
740毫米×1060毫米　开本：1/16　印张：17.5
字数：200千字

定　价：56.00元
（如发现印装质量问题，我社图书营销中心负责调换）
版权所有，翻印必究

# 致 谢

Phillip Crowson［邓迪大学能源、石油和矿产法律和政策中心名誉教授、力拓有限公司（Rio Tinto Ltd.）前任首席经济学家］和Thorvaldur Gylfason［冰岛大学经济学教授、慕尼黑CESifo集团（CESifo Group Munich）研究员］为本书原稿提出了深刻的、一针见血的意见，我们在此对他们表示感激之情。我们还要衷心地感谢Roberto Aguilera先生［中海油尼克森石油公司（CNOOC Nexen）在卡尔加里大学的致密石油和非常规天然气研究会主席、Servipetrol有限公司董事长、合著者之一的父亲］，他对本书的工程和地质方面的内容进行了认真审查。

此外，我们还必须感谢三位匿名读者，他们对本书的建议稿及原稿进行了严格、详细的检查，帮助本书做出改进。

对于本书中仍存有的错误和不足之处，我们负全部责任。

特别感谢Insamlingsstiftelsen Naturresursernas Ekonomi（一家瑞典研究基金会）主席Jan-Olof Edberg对我们项目的财政支持。

最后，我们要向剑桥大学出版社的Chris Harrison、Phil Good、Claire Wood、Matt Lloyd和Finola O'Sullivan的支持与鼓励表达我们的谢

意。对参与图书出版过程的工作人员，尤其是David Mackenzie、Jenny Slater、Emma Collison和Penny Harper，我们也要表示由衷的感谢。

  本书涵盖的话题均具有重要意义，大部分为新见解和进一步认知留有充足的空间。能有机会对这些问题进行分析，并向更多读者呈现我们的研究成果，我们深感荣幸。

# 目录
CONTENTS

**第 1 章　简介和概述　/ 1**
　　石油及其价格变动对世界经济的重要性　/ 3
　　本书内容概要　/ 5

## 第一部分
## 不寻常的石油价格历史：如何做出解释

**第 2 章　20 世纪 70 年代以来的石油价格：
　　　　　观察结果和启示意义　/ 13**
　　比较的角度　/ 15
　　主要定价事件　/ 17
　　石油市场定价惯例的转变　/ 18
　　投机买卖和消费增长率不能解释石油价格的异常性　/ 20
　　消费增长：与铝和铜的比较　/ 23
　　全球经济中的高价石油　/ 24

# 油价真相

**第3章　石油输出国组织及其行为不能解释石油价格的异常表现　/ 29**
　　石油输出国组织是不是一个卡特尔　/ 31
　　生产配额与产量　/ 34
　　沙特阿拉伯干预及动因　/ 36
　　归纳总结　/ 39

**第4章　石油枯竭和成本上升能为石油价格动态提供解释吗　/ 41**
　　地下石油可用量受限是否对石油产量造成制约　/ 43
　　全球石油行业成本效益　/ 48
　　归纳总结　/ 51

**第5章　国有制、政府贪欲和产能扩张减缓　/ 55**
　　20世纪60年代和70年代的国有化浪潮　/ 57
　　因经验不足而导致的效率低下　/ 59
　　欠发达国家国有资源企业的行为特征　/ 61
　　财政征收过度和投资资金缺乏　/ 64
　　金属和矿物的私有化和烃类资源国有化　/ 68
　　有趣的结论　/ 71

**第6章　资源诅咒和产能衰减　/ 73**
　　什么是资源诅咒　/ 75
　　危机及供应短缺　/ 77

产能和闲置产能　　/ 79

产能衰减　/ 82

资源诅咒：有意图的定量评估　　/ 92

第一部分收获及研究结果总结　　/ 94

# 第二部分
# 页岩油革命和常规石油革命：降低石油价格

## 第 7 章　页岩油革命：美国迄今为止的成就和对全球能源市场的影响　/ 99

革命的开始　　/ 101

美国页岩油开采增速　　/ 103

对美国经济的综合效益　　/ 108

对美国和全球能源市场的影响　　/ 109

归纳总结　　/ 114

## 第 8 章　美国页岩油的寿命：我们是否只看到了开端　　/ 117

美国页岩油的前景　　/ 119

美国页岩油的挑战　　/ 120

技术过时了吗　　/ 121

今时此地，明日此地　　/ 126

巴肯的未来　/ 131
归纳总结　/ 133

## 第 9 章　常规石油革命　/ 135

岩石　/ 137
常规石油与非常规石油　/ 138
常规石油在美国的回归　/ 141
其他地区并未落后很远　/ 145
结束语　/ 147

## 第 10 章　两场革命产生的环境问题　/ 149

较早的水力压裂法　/ 153
环境和安全问题　/ 154
行为准则　/ 162
结束语　/ 164

## 第 11 章　这两场革命会在全球展开吗　/ 167

暂时的美国现象　/ 169
不断变动的页岩油资源　/ 170
美国之外可能的页岩油领导者　/ 172
2035 年的革命：从根本上改变全球石油市场　/ 177

## 第12章 长期油价大幅下跌即将来临 / 191
"低油价案例" / 195
短期和长期油价的决定因素有哪些 / 197
对其他能源形式的影响 / 202

# 第三部分
# 对全球宏观经济、环境和政治的影响

## 第13章 对宏观经济和贸易平衡的影响 / 209
关于石油价格冲击与宏观经济研究的主要发现 / 212
早期研究对石油价格下跌与石油革命的相关性分析不够 / 219
石油价格持续下跌对宏观经济的影响 / 220

## 第14章 低油价下的气候政策 / 223
固有冲突 / 225
气候政策的工具 / 230
气候政策的成本 / 231
气候政策的历史 / 234
气候政策的影响及20年后的前景 / 235
归纳总结 / 241

## 第15章 政治影响 / 243

对石油生产国或出口国的政治影响 / 247
石油进口国过往的政治干预 / 249
石油进口国未来更为宽松的政治环境 / 252

# 结论

## 第16章 我们学到了什么 / 259

资源枯竭并非根本动力 / 261
政治家把事情搞砸的杰出能力 / 263
革命及气候政策 / 265
预测的谬误 / 267

# 第1章
# 简介和概述

本章有两个目标：第一，阐述为什么在我们看来所选话题具有重要意义，并有必要编写成书。第二，对本书的结构进行概述，帮助读者初步了解后文的内容。

## 石油及其价格变动对世界经济的重要性

我们将石油及其以往和预期的价格变动选为本书的焦点话题，其原因如下所述：

第一个原因是，石油在世界经济中占有重要地位。21世纪初期，石油的年生产价值（以国际价格计）在35000亿到40000亿美元之间。据报道，世界石油出口价值在22000亿到28000亿美元之间。从表1.1可知，石油的贸易价值远高于为人类服务的其他主要商品。从1972年价格飞涨以来，石油在所有商品中的优势地位已经显而易见。1970—1972年，石油的出口价值等于仅次于其后的九大商品的出口价值总和（Radetzki，1990）。

表1.1　2013年主要初级产品的生产价值和出口价值（十亿美元）

| 价值 | 石油 | 天然气 | 煤 | 铁矿 | 小麦 | 铜 | 棉花 |
| --- | --- | --- | --- | --- | --- | --- | --- |
| 生产价值 | 3550 | 1330 | 470 | 400 | 220 | 184 | 52 |
| 出口价值 | 2700 | 404 | 112 | 176 | 50 | 132 | 22 |

资料来源：国际货币基金组织（IMF）、联合国贸易暨发展会议（UNCTAD）和美国地质勘探局（USGS）网站。

## 油价真相

石油的重要性不仅仅体现为它是通用的初级产品。在全球宏观经济中，石油同样发挥着重要作用。2013年，石油生产价值占全球GDP的4.8%，而出口价值约等于全球商品贸易总值的12%。

对石油及其价格变动进行研究具有特殊意义的第二个原因是，石油"不可或缺"。

在中短期内，很难找到石油的替代品（即在可预见的未来尚未发现明确的石油替代品），因此即使出现大的价格变化，石油在其主要使用领域的需求量也未受到大的影响。过去经历的石油价格上涨导致某些市场的需求量出现萎缩，最重要的是发电市场，石油已被煤、天然气、核能以及可再生能源替代。但即使出现价格变动，石油的主要市场——公路运输、空运和海运的燃料，对石油的需求量也未出现大的波动。至少到目前为止，在上述市场中还没有发现可以大范围替代石油的产品。因此，全球经济很容易受到石油供应中断的影响。

石油及其价格变动值得我们特别关注的第三个原因是，过去几十年石油价格变动比较异常（见第2章）。从20世纪70年代初期到最近几年，石油的实际价格翻了近十倍，这是非常罕见的。金属和矿物等与石油一样可耗尽的、销售量稳定的材料在过去的这段时期内，价格（以常币值计）上涨不到两倍。

第四个原因，也可能是最重要的一个原因，随着两项新兴革命走向成熟并在全球推广，我们将会从石油稀缺、石油价格不断上涨的时代跨入石油储量相对充裕、价格下跌的新时代。这两项革命源于近年来的技术进步，即通过钻水平井及水力压裂技术的结合来释放石油。

第一项革命为页岩油革命，目前基本上仅在美国开展，显著地提升了石油产量。第二项革命为常规石油革命，目前才刚刚开始，通过钻水平井及水力压裂技术的应用极大地提高常规石油开采工作的效率，实现现有石油资源更有效的利用。这两项革命在全球范围内的发展和推广，将对全球石油供应产生颠覆性的影响。同时，它们还对石油价格具有压制作用，可防止石油价格在2014年末急剧下降后出现回弹，或者如果石油价格在2014年末急剧下降后出现了上涨的早期反应，可将价格再拉回至上涨前的水平。

## 本书内容概要

确定了本书所涉及话题的重要性后，我们现在开始对各章节进行简要概述，向读者介绍我们分析中的主要发现。

第一部分对历史进行了回顾，其目的是帮助读者理解石油价格异常变动背后的原因。

第2章对价格变动进行简要的总结，并抛开通常被认为导致价格上涨的某些因素，如金融投机、石油消耗量爆发性增长等。从基础经济学的观点来看，在自由市场中，需求和供应是价格的关键决定因素。我们完全同意这个观点，但需要注意的是，在石油价格上涨方面，供应变化比需求变化的作用要强势得多、重要得多。需求相对而言比较稳定，其变化率非常平稳。

## 油价真相

第3章对石油输出国组织（OPEC）减少供应的干预作用进行了分析，第4章将资源耗损——地下资源越来越少——作为石油价格异常表现的原因进行评估。我们的结论是，这两个章节中考虑的因素都不足以对实际价格变动作出解释。石油输出国组织的市场干预最多对石油价格造成短期的、无关紧要的影响。同时，我们也没有发现因为石油资源的损耗而导致石油价格持续上涨。地下石油资源依然很充足，过去40年里，几乎所有石油开采均展现出很高的盈利能力，这表明石油资源不足并非石油价格上涨的重要原因。

我们对石油价格上涨的基本解释是，石油开采能力的发展速度不足。某些因素限制了用于替代即将到达使用期限的现有装置的新装置的投资能力或提高整体生产力所需的能力，第5章和第6章对这些阻碍因素进行了分析。第5章论及两项发展动态。第一，该章对20世纪60年代和70年代国有石油公司爆发性扩张并取代私营国际公司（石油生产商）的情况进行了说明。导致上述情况的基本原因是当时资源国家主义盛行。然后，对因经验不足和国有制固有缺点导致的国有公司的明显缺陷进行了分析。第二，该章对国有企业和剩余的私营企业在石油产业过度的财政汲取行为进行了评论。该章的结论是，国有制效率低下以及石油产业可用财政资源不足是能力建设的主要障碍。石油租赁促进了许多石油生产国的发展，但在石油租赁问题上存在国内和国际冲突，第6章则对冲突的影响进行了分析。这些冲突不仅阻碍了能力发展，而且在许多情况下还造成生产能力的急剧下滑。总的来说，我们将上述因素视为石油价格异常上涨的主要原因。

页岩油革命和常规石油革命均基于钻水平井及水力压裂技术的突破，随着这两项革命的成熟和蔓延，全球石油市场将迎来根本性的转变，本书的第二部分将对这种转变进行分析。

第7章和第8章对目前主要发生在美国的页岩油革命进行说明。由于技术上的进步，大量页岩油开发变得可行，并且有利可图。页岩油开发将石油生产从20世纪70年代以来的下滑趋势转为快速扩张，使得2008年至2014年期间美国的石油产量提升了70%多。石油开采活动在投资、就业、公共收入、减少进口需求等方面为美国经济带来了实质性的效益。这一新兴产业以生产力快速发展为特点，截至2014年，即使当年石油价格显著下降，大部分石油开采依然有利可图。从未开采资源的增长量来看，我们认为美国的页岩油革命将是一个持久现象。

常规石油革命是一种更新的现象，目前媒体很少提及，我们将在第9章对其进行分析。常规石油革命对美国石油生产及其他方面的影响与页岩油革命相当。同时，该章还涉及钻水平井及水力压裂技术在开采时间较长的传统老油田中的应用，通过这种技术可以进一步从油田中采出传统开采方法无法获得的石油。常规石油革命类似于提高采收率，但是新技术的应用降低了开采成本，让开采更为彻底。

第10章对因页岩开发工艺（尤其是密集钻井和压裂）而造成的环境问题进行简要评估。我们注意到，页岩油开发活动确实造成了水质污染、甲烷排放和更强的地震活动，从而导致环境恶化。我们认为，上述危害在很大程度上是由于页岩油开发是一个幼稚产业，仍处于"野蛮"开发阶段。随着产业的成熟以及相关当局调控力度的加大，

## 油价真相

大部分危害将被克服。

第11章和第12章主要讨论的是，由于上述革命在美国带来如此强大的优势，这些革命势必会蔓延至国际。我们的观点有两个前提条件：第一，美国的地理位置并非得天独厚，同时，随着世界其他地区（以下简称其他地区，指除美国以外的其他国家）的开采活动加速，这些地区的资源财富估算将迅速展开；第二，采用的技术大部分为非专利技术，因此可以轻易地跨国传播。由于一些原因，相比美国而言，其他地区的上述革命将会延迟很久，进程会慢得多。即便如此，我们预计到2035年，这些革命将对全球石油供应产生颠覆性的影响，并且可能在2014年下半年石油价格急速下降的基础上进一步大幅降低石油价格。

本书第三部分阐述了革命成熟过程中对不同领域产生的主要影响。

第13章引用了大量文献来总结石油供应价格降低对全球宏观经济和贸易平衡的影响。从根本上说，石油价格暴跌对全球经济扩张起着刺激作用。但是，在较长的一段时期内，革命的进展及其伴随的石油价格下降通常是逐步发生的，因此对全球宏观经济的刺激可能很难被察觉。随着石油价格的下跌，一些石油出口国的经济情况将经历一段困难的时期，但是相关努力还是会接踵而至，通过经济多样化来降低对石油出口的依赖。

第14章指出，为了大幅降低温室气体排放，可能大范围推广气候政策，造成石油消耗量锐减，导致革命刚萌芽即被扼杀。但是，这种政策的代价非常高,并且自1997年签署有关浅层地能的《京都议定书》后,混乱和无为无处不在,鉴于此,我们对这种政策的推广持怀疑态度。我们认同国际能源署(IEA)、美国能源信息署(EIA)等主要公共分析机构的观点以及主要石油公司的预测——在未来十几年里,石油消耗量将持续增长,因此革命中的石油需求量也将有保证。

第15章涉及石油供应变得更为充裕、低价和多样化后造成的政治(和军事)影响,具有很强的预测性。石油生产商的市场管理将更为艰难,"石油武器"的政治效力将被削弱。石油价格的下降可缓解石油租赁方面的纷争。在全世界石油供应量充裕的情况下,石油进口国过去通过对中东地区进行外交和军事干预来保证石油供应的做法将变得不那么有意义。

第16章对主要经验教训进行了简要的总结。革命势必会对不同地区带来优势和劣势,但是从总体上看,我们认为一个石油储量丰富的世界总比一个石油匮乏的世界要好。

对于本书的议题,我们感到十分兴奋,希望读者朋友们也能在一定程度上感受到我们的兴奋之情。尽管我们只是做了初步研究,但是我们相信我们的研究成果将会非常有用,会成为未来长期探讨和分析的出发点。

第一部分

# 不寻常的石油价格历史：
# 　如何做出解释

# 第2章

# 20世纪70年代以来的石油价格：观察结果和启示意义

　　本书第一部分有一个主要目标：对过去40年里惊人的油价上涨现象做出解释。本章第一节以迂回的方式描述了20世纪70年代以来的油价表现，并与同期金属价格进行对比，具有启发性。简要叙述了对石油价格有影响的著名事件以及过去几十年里逐步形成的定价惯例。之后，谈到市场投机和快速的消费增长——经常被认为是油价增长的罪魁祸首——但是很少提及它们对油价上涨的驱动作用。本章的最后，对石油在全球经济中的重要作用进行评估。

## 比较的角度

为提供一个视角来观察20世纪70年代以来的石油价格表现，图2.1对石油价格指标与金属和矿物的价格指标进行了比较（均扣除物价因素）。通过比较，得出了显著的研究结果。从1970—1972年期间到2011—2013年期间，石油价格疯涨了886%，而金属和矿物价格仅仅上涨了68%。有些人可能认为这种比较并不合理，因为金属和矿物的价格指标范围很广，个别产品出现异常的价格下降时，容易被忽略。因此，我们对四种具体的金属和矿物的价格历史进行了调查，发现从1970—1972年期间到2011—2013年期间，铁矿石价格上涨了133%，铜矿石价格上涨了67%，镍矿石价格上涨了50%，而铝矿石的价格下降了16%。在这次比较中，油价上涨的幅度依然是超常的。

总的来说，金属和矿物价格的短期不稳定性并未在图2.1中显现出来。但是，联合国贸易暨发展会议（UNCTAD）给出了商品价格不稳定性指标，因此我们可以对石油与金属的定价方面进行比较。联合国贸易暨发展会议的数据显示，在1983—1992年期间到

## 油价真相

1993—2002年期间，石油价格的不稳定性比金属和矿物稍高，但是在2003—2012年期间却偏低。从单个金属和矿物来看，铝、镍和锌在1983—1992年期间的价格不稳定性比石油要高；镍和钨在1993—2002年期间的价格不如石油稳定，但是在联合国贸易暨发展会议中涉及的11种金属和矿物产品中，至少有8种在2003—2012年期间的价格波动高于石油。从这种比较来看，石油并非商品价格上涨的特例。但我们讨论的焦点并非价格的不稳定性，而是价格水平，因此我们不再进行不稳定性分析。

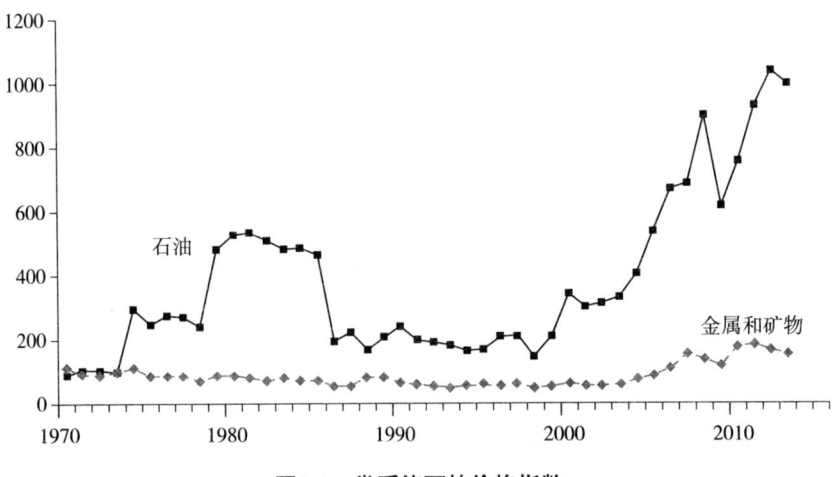

图2.1 常币值下的价格指数
1972-1970 = 100
注：采用联合国的制成品单位价值指数（美元）作为平减指数
资料来源：联合国贸易暨发展会议（UNCTAD）和联合国统计署（UNSTAT）网站

事实上，在2005年左右商品快速繁荣期，所有商品的价格均经历了飞速增长，而在此期间，石油价格的表现与金属和矿物的价格变动相比并无显著不同。以常币值计算，2005—2011年期间，石油价格增长了92%，而金属和矿物的价格增长了87%。但是在随后的两年里，价格变动发生了偏离。2011—2013年期间，石油价格继续上涨了7%，而金属和矿物价格则下跌了15%。2014年，石油和金属的平均价格（虚价）均在2013年的基础上下降了10%。

不考虑最近的商品繁荣现象以及短期内价格波动的不同，从图2.1明显可以看出，从20世纪70年代初期开始，石油价格的上升幅度比金属和矿物要大得多。1986—1999年整个"低价"时期，石油价格指数约为金属和矿物价格指数的3倍。甚至在1998年，石油价格跌至自1974年以来的最低点，石油价格指数（150）几乎是金属和矿物价格指数（54）的3倍。从图2.1中展示的整个40年来看，不可否认的是，石油价格表现是超乎寻常的。

## 主要定价事件

Hamilton（2011）发表了一篇历史概述，对造成石油价格显著（通常为短期）变动的地方或全球事件进行了回顾。第6章中有关"资源诅咒"的一节引用了上述资料，列出了图2.1中所示时期内的主要事件及其对石油价格的影响。读者可以对照图2.1直观地感受到各相关事件与价格变动的关系。

1973—1974年，石油禁运：1973年10月6日，叙利亚和埃及袭击

## 油价真相

了伊拉克。1973年10月17日，石油输出国家组织中的一些阿拉伯成员宣布禁止对选定的国家出口石油，造成石油产量严重削减。1974年1月1日，波斯湾/阿拉伯湾国家将石油价格定为原来的两倍。

1978—1979年，伊朗革命：伊朗革命后不久的1980—1981年期间爆发了两伊战争，导致两国的石油产量大幅下降。

1985—1986年，油价暴跌：由于沙特阿拉伯和其他石油输出国组织成员放弃采取维护石油价格的措施，以维持他们的市场份额，造成石油价格暴跌。

1990—1991年，伊拉克入侵科威特：造成两国石油产量下降。

1997—1998年，东亚危机：泰国、韩国及其他东亚国家的经济衰退造成石油需求量的下滑，导致石油价格（以实值计）跌至1974年以来的最低点。

2004—2008年，需求趋涨，供应停滞：全球经济高速增长，对所有商品的需求量也迅速上升，但是供应量却停滞不前，引发了自第二次世界大战以来势头最强劲、范围最广阔的商品繁荣现象（Radetzki，2006）。到2011年，石油价格（以常币值计）达到了19世纪60年代以来的最高水平（BP世界能源统计年鉴）。

## 石油市场定价惯例的转变

初级商品市场有各种各样的定价惯例，主要包括标价、双边协定

## 第2章  20世纪70年代以来的石油价格：观察结果和启示意义

价格、生产者定价、用户主导价格、拍卖定价和商品交易所定价——后者在国家商品交易中应用较广❶。最近的十几年里，石油市场以及铝矿和镍矿市场从生产者定价转向了商品交易所定价。

到20世纪60年代末期，石油定价由世界七大石油公司"七姊妹"主导。1960年石油输出国组织成立，随后的十年大部分时间石油供应过剩以及20世纪70年代的国有化，逐步削弱了"七姊妹"在定价方面的主导权，促使石油输出国组织在20世纪70年代中叶接手了定价管理，并制定了生产者定价体系。该定价体系中，沙特阿拉伯轻质原油的价格作为石油定价的"参考价格"。石油输出国组织成员国生产的其他种类的石油将在此价格的基础上加价或打折（Fattouh，2011）。

"参考价格"体系持续了将近十年。1975—1985年（Mabro，2000），石油价格高昂，石油输出国组织之外的其他地区大规模扩大石油生产，最终上述体系于1985年前后消亡。在此期间，对石油输出国组织所产石油的每日需求量减少了1000多万桶，几乎为全球产量的20%。石油输出国组织的价格保护主要依靠沙特阿拉伯，沙特阿拉伯制定了"参考价格"，对市场萎缩承担主要责任。在1985年之前的五年里，石油输出国组织的石油产量下降了40%，沙特阿拉伯的石油产量下降了65%。

1985年末，沙特阿拉伯放弃了其"定价者"的身份。1986年初，石油价格大幅下跌，随后几年里，石油需求量，尤其是沙特阿拉伯石油的需求量逐渐恢复。1986年石油价格下跌后，石油输出国组织废弃

---

❶ 对于初级商品交易中所采用的定价惯例，请参见Radetzki（2013）的详细论述。

**油价真相**

了生产商定价制度，开始采用与市场更相关的定价制度。在那时，纽约商品交易所（NYMEX）已经执行了好几年原油期货合约。这种贸易出口有助于非石油输出国组织成员国的独立生产者实施公平定价，同时还为苏联持续增长的石油出口提供了便利。1986年，随着墨西哥国有石油公司Pemex采用交易所模式的定价制度为其销售的石油定价，这一定价制度实现了迅速推广。到1988年，大部分石油出口国均接受通过交易所报价来确定石油价格。从那时起，这种定价形式成为国际石油交易中无争议的主流定价形式（Fattouh，2011）。

虽然上述向交易所定价模式的转变基本与1986的油价暴跌同时发生，但是这并不是说交易所定价制度下的石油价格就比其他定价制度下的石油价格低。石油价格实际上是由石油相对供需平衡决定的，当供应"紧张"时，石油价格将上涨，当供应"充足"时，石油价格将下跌。

1986年的油价暴跌是由于生产者对石油定价高得离谱，导致市场萎缩，造成生产者无法控制的局面。向交易所定价模式转变后，石油定价更趋向于平衡。一个政治化的定价制度被以市场为导向的定价制度所取代。结果是，市场的透明度得以大幅提升。

## 投机买卖和消费增长率不能解释石油价格的异常性

本书第一部分的其他内容对石油价格变动异常性的主要原因进行

了探讨。在以下章节进行试探性的探讨之前，首先简要介绍石油价格争论中常被提出的造成石油价格异常性的两个因素，并给出这两个因素并不能对1970年以来的石油定价起重要作用的理由。

**投机买卖**

自2005年开始出现商品繁荣现象以来，涉足商品市场的投资者数量快速增长。这些投资者经常被轻蔑地称为投机者。投资者主要通过对商品交易所期货市场起作用的"商品指数基金"进行投资。商品指数基金的总值从2002年的不到100亿美元上升到2010年的1800亿美元（美国商品期货交易委员会，2010）。在投资者对商品市场需求上涨的同时，许多商品价格也开始飙升。但是这对将两个现象联系在一起，并得出投资者一定是价格上涨的主要力量的结论而言，仅仅是一小步。

至少从2005年商品繁荣增速开始，在商品财政投资对商品价格的影响的问题上就存在激烈的争论——国际货币基金组织（IMF，2006）和Masters（2009）代表着最极端的立场。由于缺乏"投机买卖"的有效定义，也没有用于在不同点适时地确定其强度（不管如何定义）的足够数据，在我们看来，以一种限定性的方式根据经验来解决这个问题是无用的。

理论问题解决起来也相当棘手，因此我们认为本书并不是理清这种复杂关系的好地方。我们注意到，Masters（2009）在美国商品期货交易委员会之前已断言"商品投机买卖"对价格上涨具有推动作

## 油价真相

用。Masters本身是一名对冲基金经理，对这个问题有实践兴趣。很多媒体报道（经济学家，2007；金融时报，2008a、2008b、2010）对上述观点表示支持，一些分析师（Verleger，2007；Gilbert，2008；Kaufman，2010）也同意这个观点。

但是，大部分研究表明，价格最基本的决定因素是实物商品的供应与需求。铁矿和大米的价格上涨现象为这一观点提供了支持，那时（2005—2008年）还没有吸引投资者需求的期货市场，但是铁矿和大米的价格与在正式交易所上交易的物料一样上升迅猛（Krugman，2008；Irwin和Sanders，2010）。

其他的分析也得出了类似的结论。因此，英国财政部（2008）声称，"数据表明，投资活动增多与商品价格之间并没有什么固定的联系"。更确切地说，"通过经济计量分析发现，在大多数情况下，是高昂和上涨的价格吸引着投资者进入市场，而不是投资者进入市场后造成价格高昂和上涨。即使出现后者的情况，也是意义不大、短期的现象"。同样，美国商品市场跨部门工作小组（2008）在《原油期中报告》指出："2003年1月至2008年6月的石油价格上涨主要是由基本的供应与需求方面的因素造成的"，且"根据工作小组到目前为止的初步分析，投机活动并未造成石油价格的大幅变动"。国际货币基金组织（2010）最近的研究表明，供需基本面很大程度上决定着商品价格，并得出结论"目前几乎没有证据能证明财政投资对商品价格有重大、持续的影响，并超过现有和预期的供需基本面对商品价格的影响"。

Irwin和Sanders（2010）在对这个问题的研究进行全面回顾后总结道："现有的证据明显倾向于这一观点：指数基金没有造成商品期货价格泡沫"。

我们认同分析师们的主流观点——商品市场（包括石油市场）的财政投资和"投机买卖"并未对石油价格产生重大而持续的影响。即使产生了重大持续的影响，也无法解释1970年至2000年期间，在商品市场的财政投资微不足道的情况下石油价格超乎寻常的表现。

## 消费增长：与铝和铜的比较

人们通常认为，由于生产者很难根据快速膨胀的需求来调整产量，因此消费的快速增长造成价格上涨。为就此方面对石油进行检验，我们将原油消费的膨胀率与两种主要金属——原铝和精铜消费的膨胀率进行了比较。比较结果如图2.2所示，石油消费的膨胀率低于上述金属的膨胀率。1970—2013年，石油年均消费量仅增长了1.8%，而铝和铜的年均消费量分别增长了3.8%和2.6%。1974—2013年（除去第一次石油危机之前快速增长的三年），石油消费增长量降至1.3%。

无可否认，由于石油价格的涨幅远大于金属价格，抑制了石油消费量增长，因此石油消费增长已落后于铝和铜。为进行更有意义的分析，需要对恒定价格下的需求变化进行评估。这是极其复杂的分析，

## 油价真相

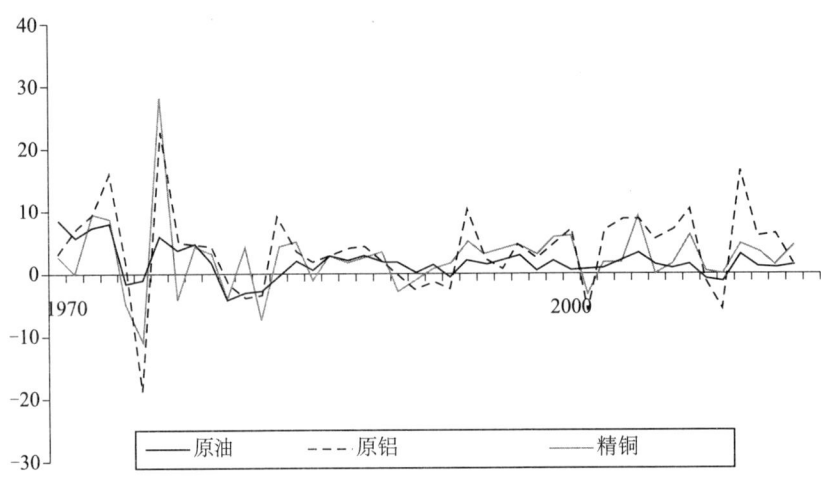

图2.2 石油、铝和铜的消费增长（百分比/年）
资料来源：BP世界能源统计年鉴，世界金属统计局

涉及价格弹性数以及不确定的因果关系，且结果具有高度不确定性。我们不采取这一方式，同时承认我们并不了解需求膨胀对上述三种研究商品的影响。

无论如何，我们都难以相信，石油的需求压力是造成其实际价格变动的主要因素。我们预测，如果石油与铝和铜的价格同步变动，那么石油的消费增长量将与铝和铜相当。

## 全球经济中的高价石油

2013年石油的生产价值几乎为全球GDP的5%。表2.1中提供了更多详情，并进行了历史回顾。在所示的整个时期内，石油产出价值均超出全球GDP的1%，但仅在20世纪80年代初期达到5%，超出其最近的市场份额。

1973年，全球GDP每100万美元（以2005年常币值计）中就有1185桶石油的产值。在此之后，石油产值在GDP中的强度不断下降。2013年，石油强度不到1973年的一半。石油高价造成的使用量减少以及技术进步带来的能源生产力增强，都加快了石油强度的下滑。

表2.1 石油在世界经济中的重要性

| 项目 | 1973年 | 1983年 | 1993年 | 2003年 | 2013年 |
| --- | --- | --- | --- | --- | --- |
| 全球GDP，10亿美元（名义美元） | 5200 | 12400 | 25700 | 38200 | 74600 |
| 全球GDP，10亿美元（2005年美元） | 18000 | 23600 | 32100 | 43100 | 56600 |
| 全球石油产量，10亿桶 | 21.3 | 20.7 | 24.1 | 28.3 | 31.7 |
| 石油价格，美元/桶（名义美元） | 3 | 30 | 17 | 29 | 112 |
| 石油产值，10亿美元（名义美元） | 64 | 620 | 409 | 822 | 3550 |
| 石油产值占GDP的百分比，%（名义美元） | 1.2 | 5.0 | 1.6 | 2.2 | 4.8 |
| 世界石油强度，石油桶数/百万美元GDP（2005年美元） | 1185 | 876 | 750 | 658 | 560 |

资料来源：BP世界能源统计年鉴，联合国统计数据库（UNSTATS）。

石油强度的下滑主要集中在富裕国家。在表2.1所示的整个时期内，新兴国家由于处在经济发展的早期，基础设施和重工业均处在建设阶段，对能源的需求更高，因而石油强度也更高。

我们之前提到过，石油似乎是"不可或缺的"，在中短期内需求

**油价真相**

的价格弹性非常低（换言之，即使价格出现大的变动，也不会对石油需求量造成大的影响）。但是从长期来看，将很有可能找到石油的替代物或通过提升效率来减少石油的使用。这从表2.1中所示的石油强度下降可以明显看出。不同的行业发展情况不一。发电领域，随着石油价格在20世纪70年代的上涨，石油的替代品很快大规模替代了石油。在第一次石油危机之前，发电领域的石油使用占相当大的份额，但是石油危机之后，几乎没有再建过以石油为燃料的发电站，而且很多发电站转而使用价格更低的煤或天然气。1980年，石油在发电领域所占份额仍有约20%。到1995年，石油份额下降了一半，占10%左右。到2010年，又下降了一半，仅占5%。相比之下，在运输领域目前还未发现可用的石油替代品。因此，运输愈发成为石油消耗的主要领域——石油在运输领域的份额也从1990年的57%上升至2012年的64%（国际能源署，2014a），即使燃烧技术的进步大幅减少了石油的消耗量。

无论在何领域，因石油价格上涨而造成的石油用量下降均是一个缓慢而持久的过程。很有可能，自2005年以来对价格上涨的调整还未结束。如果回到并维持在2011年至2014年期间高昂的石油价格水平，所有领域对石油的使用量均将大幅减少。

由于石油在全球GDP中占有很重的分量，因此石油价格变动势必会对宏观经济造成重大影响。具体有何影响将在第13章进行详细阐述。到现在为止，本章的讨论还未发现石油价格表现异常的原因。第一部分的以下几个章节中还将继续针对这一问题进行探究。

## 第2章　20世纪70年代以来的石油价格：观察结果和启示意义

值得一提的是，本书第二部分和第三部分研究的上述影响的时间范围是长期的。我们将着重于2035年前页岩油革命和常规石油革命下的石油供应和石油价格。但是，在短期内，势必会出现石油供应短缺或过剩的情况，从而导致石油价格波动。2010年末至2014年秋季，石油价格仍然处于较高水平，并稳定在100美元/桶至110美元/桶的区间内。然而在到2014年末本书原稿几乎完成时，石油价格突然出乎意料地下降至60美元/桶（以布伦特原油价格为基准）——因此在某些地方，我们的分析未完全考虑这次价格变化。2015年上半年，石油平均价格（布伦特原油现货）下降至约57美元/桶。事后来看，很容易得出结论：石油价格下降主要受需求与供应因素的驱动，且大部分是中短期现象。从需求方面来看，富裕经济体和新兴经济体的经济发展均较为缓慢，并且先前几年的石油价格上涨刺激节能技术取得突破，导致石油消耗停滞不前。从供应方面来看，到2014年，页岩油革命大幅提高了美国的石油产量，而石油输出国组织及俄罗斯、墨西哥等其他主要石油生厂商不愿通过控制产量来维持石油价格❶。

如果石油价格持续几年保持在2015年上半年的水平，页岩油革命和常规石油革命的速度（本书的主题）很有可能将在一定程度上放缓，同时革命造成的石油价格下跌将不那么显著。我们相信，在未来的五年里，石油价格很有可能在2015年报价的基础上出现一点回落，从而延迟页岩油革命在国际上的蔓延。尽管如此，我们认为，即使石油价格多年保持在2015年初的水平，我们分析所得的主要结论仍保持

---

❶ 对于发生的具体事件及原因，请参见Arezki和Blanchard（2014）的分析。

**油价真相**

不变，这将在第8章和第11章进行详细的讨论。主要原因是页岩油很可能将以较低的市场价格保持其广泛的经济性，此外，因为在低价环境中，他们被激励削减成本、提高经营效率。预计许多生产者将在低价环境中兴起，这些原因将在随后的章节中进一步探讨。

# 第3章

# 石油输出国组织及其行为不能解释石油价格的异常表现

　　许多市场专家认同的普遍观点是，自20世纪70年代初期以来石油输出国组织的市场干预造成石油价格表现与其他商品大相径庭。不可否认的是，石油输出国组织的政策（主要是生产配额）确实在短期内对石油价格造成了一定影响，但是单从该组织对石油供应的干预来解释图2.1中石油与金属和矿物在价格变动方面的巨大差异，还不具足够说服力。

## 石油输出国组织是不是一个卡特尔

经济学入门教科书中将卡特尔定义为业内为操控价格而合谋的两个或多个生产者。典型的方式是通过限制或扩大产量实现对价格的操控。虽然价格操控的成功实施取决于若干因素(参见Levenstein和Suslow的文献，2006)，但是通常情况下，卡特尔必须具有重要的市场地位，即在市场产量上占有很大份额，同时其成员作为单一实体，须遵循联盟决定的产量分配。

基于一系列仔细的分析研究，一些人认为将石油输出国组织称为卡特尔是不恰当的。另一些人尽管未做深入研究，但是对石油输出国组织的市场管理效率表达了严重质疑。三十多年前，Plaut（1981）断言，石油输出国组织并未在供应限制和产量分配上走卡特尔的套路，因此石油输出国组织并非卡特尔。当然，这一言论是在石油输出国组织实施配产配额制度两年前发表的。在Plaut看来，石油输出国组织的行为更像是寡头垄断，以沙特阿拉伯为价格领头人及最大生产者。与此同时，MacAvoy（1982）认为当时观察到的石油价格趋势可以用竞

## 油价真相

争模式来做出充分解释。不久后，Griffin（1985）对可供选择的市场模型的有效性进行了检验，并得出结论——石油输出国组织的实际行为与部分市场共享的卡特尔模型最为匹配。

Alhajji和Huettner（2000）进一步否定了石油输出国组织是卡特尔。他们认为，统计检验不能表明石油输出国组织的行为符合卡特尔模型。在他们的研究中，具有重要意义的一点是对石油的市场特点与钻石、咖啡、铝土矿、锡、橡胶等曾经出现过临时价格上涨卡特尔现象的商品进行了比较。比较表明，建立和运营一个石油卡特尔的前提条件不充分。例如，Alhajji和Huettner发现，在他们实施研究的时期内，石油输出国组织在全球石油供应量中所占份额（市场管理成功的基本因素）最低为31%，最高为56%。而在卡特尔检验中，铝土矿所占份额最低为73%，最高为81%，其他产品的份额甚至更高，同时石油需求价格弹性并非异常低。但是，石油价格上涨的幅度比上述出现过卡特尔现象的产品大得多，石油输出国组织维持的时间也比与这些产品相关的卡特尔长得多。Alhajji和Huettner对此结果感到惊讶，与他们同样感到惊讶的是Griffin，他发现经济学家普遍将卡特尔视为脆弱的实体，在显著提升价格方面力量有限，即使成功地提升了一次价格，也无法维持住提升的价格。Griffin（1989）提出的问题仍悬而未决——Milton Friedman预测石油输出国组织会很快消亡，如果该石油集团具有弱卡特尔特征，那么为什么事实证明他的预测是不着边际的？

从下文中引用的文献可以看出，近期，仍有经济研究团体对石油

## 第3章 石油输出国组织及其行为不能解释石油价格的异常表现

输出国组织的卡特尔行为持怀疑态度。Smith（2005）对石油输出国组织是价格上涨卡特尔的"证据"进行了评估，发现它们并无说服力。在他看来，世界石油市场中现有需求和成本数据的有效性和质量均不够，不足以将竞争行为和合谋行为区分开来。Bina和Vo（2007）更加肯定地声称，他们的分析可以证明石油输出国组织既不是卡特尔，也没有显露出任何主导市场、控制市场或垄断市场的迹象。Gately（2011）采取50年的视角得出结论，自20世纪70年代初期以来，虽然石油输出国组织的产能扩充决定对世界石油供应造成了长期影响，但是其并未通过扩大市场支配力来大幅提升石油价格。石油输出国组织对市场和价格管理没有太大的野心，这可能也是该组织能维持这么长时间的原因。

上述分析中大部分把石油输出国组织描绘为一个未完全协调一致的生产者集团，它可以在有限的时期内使价格略高于竞争水平。这种描述是否带有"卡特尔"标签是一个语义上的问题，对我们而言，这个问题并不重要。但是，如果将石油价格与金属价格之间的差异作为生厂商集团市场支配力的指标，那么石油输出国组织的上述特征完全不足以解释图2.1所反映的石油价格长期的惊人表现。此外，在Griffin（1989）研究的54个卡特尔案例中，商品价格的平均维持时长为7.3年，而石油价格维持在异常水平四十多年，这与卡特尔特征是背道而驰的。显然，除了从生产者合谋管理石油供应量的角度外，还需从其他视角对自20世纪70年代初期以来的石油价格变动进行充分解释。

# 油价真相

## 生产配额与产量

为了维持对价格的长期影响力，一个合谋的生产者集团的市场干预还应包括对投资和产能扩充方面的限制。但是，石油输出国组织从未采取过这种措施。相反，该集团通过正式的生产配额制度（1983年制定，维持至今）来发挥其市场支配力，以限制产量、提高价格。然而，配额制度的实施远非始终如一。配额的价格目标和时间安排均有过不稳定的变化。各个成员国的配额通过各种规则确定，例如，历史产量、生产能力、储量、生产成本或人口——这些规则随着时间而改变。由于各种不同的动机，配额也经常会出现例外情况，允许个别成员国的生产不受限制。

配额制度肯定会导致价格上涨，至少是短期的上涨。即使那样，由于限制产量的配额力度较小，不太可能对价格产生重大影响。此外，在某些情况下，生厂商集团对产量的限制被沙特阿拉伯自发采取的行动削弱了（见下文）。而且，配额广泛存在着实施不力和舞弊现象。通过对比1983年至2001年期间石油输出国组织的实际产量与配额上限（Molchanov，2003）可以发现，石油产量平均超出配额上限6.9%，并且多次超出15%以上。2001年之后，产量超出允许配额的情况依然存在（Laherrere，2011）。总体来看，仅有少数几年（如2005—2006年）的石油产量完全符合配额要求，这几年生产上限是根

## 第3章　石油输出国组织及其行为不能解释石油价格的异常表现

据各成员国的可用生产能力确定的,因此舞弊行不通。事实上,过去几十年的数据(国际能源署,月度数据)表明,除了沙特阿拉伯、科威特和阿联酋之外,石油输出国组织的其他成员几乎都充分利用了他们的技术能力。

以上陈述可由表3.1中关于2004年春季的详细示例所证实。示例的时间是特别选定的。将伊拉克单独列出,因为当时伊拉克仍处于联合国就其1990年袭击科威特而实施的制裁中(由于这个原因,伊拉克免于配额)。表3.1中最值得注意的观察结果包括:

- 集团(除伊拉克外)的石油产量相当于产能的94%,这对于资源产业来说是一个非常高的数据。沙特阿拉伯是唯一一个闲置产能较多的国家。不计沙特阿拉伯,产能利用率达96%。
- 如果完全遵守当时的适用配额——2350万桶/天,产能利用率将下降至85%,仍然是一个很高的数据。配额允许的85%产能利用率与无法实现的100%产能利用率之间的差异为430万桶/天。
- 表中所列国家的产量共超出配额260万桶/天。实际实现的配额不超过170万桶/天。
- 印度尼西亚和委内瑞拉削减的产量多于配额的要求量。但是,由于限制这两个国家产量的配额超出了他们各自的总产能,因此对他们而言是没有意义的。这两个国家的总产量减去配额完成量得到的净配额完成量约为100万桶/天(少于产能的4%),不足以造成价格大幅降低。

35

## 油价真相

表 3.1  2004 年石油输出国组织石油产量、产能和配额

单位：百万桶/天

| 国家 | 五月产量 | 产能 | 闲置产能 | 四月配额 | "舞弊" |
|---|---|---|---|---|---|
| 阿尔及利亚 | 1.18 | 1.25 | 0.07 | 0.75 | 0.43 |
| 印度尼西亚 | 0.97 | 1.00 | 0.03 | 1.22 | −0.25 |
| 伊朗 | 4.00 | 4.00 | 0 | 3.45 | 0.55 |
| 科威特 | 2.30 | 2.30 | 0 | 1.89 | 0.41 |
| 利比亚 | 1.51 | 1.55 | 0.04 | 1.26 | 0.25 |
| 尼日利亚 | 2.33 | 2.55 | 0.22 | 1.94 | 0.39 |
| 卡塔尔 | 0.79 | 0.85 | 0.06 | 0.61 | 0.18 |
| 沙特阿拉伯 | 8.65 | 9.50 | 0.85 | 7.64 | 1.01 |
| 阿联酋 | 2.25 | 2.45 | 0.20 | 2.05 | 0.20 |
| 委内瑞拉 | 2.17 | 2.35 | 0.18 | 2.70 | −0.53 |
| 小计 | 26.14 | 27.80 | 1.66 | 23.50 | 2.64 |
| 伊拉克 | 2.13 | 2.80 | 0.67 | | |
| 总计 | 28.27 | 30.60 | 2.33 | | |

资料来源：国际能源署（2004）。

## 沙特阿拉伯干预及动因

沙特阿拉伯在石油输出国组织中占有统治地位，因此有必要对该国在生产变革方面的行为进行特别调查。

如表3.1所示，沙特阿拉伯目前是石油输出国组织中最大的生产者，其产能约为整个集团的三分之一。因此，沙特阿拉伯的行动势必会对整个集团造成重大影响。沙特阿拉伯经常会出现较多的未利用产

能，它一直扮演着产量调节者的角色，根据市场条件做出反应，以稳定价格为由对产量做出较大变动。但是，它的价格目标或变动产量的其他动机通常是不明确的。沙特阿拉伯对产量干预的四个案例如下所述。

在两个案例中，沙特阿拉伯的产量变动明显加剧了价格波动。第一个案例中的干预是短期的，沙特阿拉伯于1979年1月20日决定将产量从1040万桶/天削减至800万桶/天（削减幅度为240万桶/天）。这是一次惊人的举动，加剧了当时因新兴伊朗革命造成的石油市场混乱。沙特削减产量时，伊朗国王离开伊朗仅仅五年，Ayatollah Khomeini于2月1日从法国回国。伊朗的政治动荡导致石油价格从1978年的14美元/桶上升至1979年1月下半月的约20美元/桶。随后的几个月里，价格继续上涨，1979年全年的平均价格达到31.6美元/桶。毫无疑问，沙特阿拉伯石油供应量的削减破坏了世界市场的稳定，并促使石油价格上升至19世纪60年代以来前所未见的高度（以实值计）。沙特阿拉伯减产一定是短期的，因为该国1979年的平均石油产量为980万桶/天，而1980年的平均石油产量为1030万桶/天（Adelman，1982；Gately，1984；伊朗商会，2014；BP世界能源统计年鉴）。

第二个案例是，沙特的石油产量从1985年的360万桶/天上升至1986年的520万桶/天，增幅为160万桶/天。要理解这意味着什么，需对之前五年的历史进行回顾。1980年，石油价格达到了36.8美元/桶的高水平，原因有：（1）1979年初，Mohammad Reza Shah离开伊朗以及Ayatollah Khomeini回到伊朗引发伊朗革命，造成伊朗和伊拉克石油产

## 油价真相

量不足；（2）1980年9月，两伊战争爆发。实际上，沙特阿拉伯代表着石油输出国组织维持石油高价。这段时期内的价格保护措施包括不以低于预先设定的价格出售石油以及根据需求调整产量。该政策并非完全成功，到1985年，石油价格降至27.6美元/桶，在这五年的时间内每年下降了5%。但对于沙特阿拉伯而言，价格保护的代价还要高得多——1980年其石油需求量为1030万桶/天，而五年后就萎缩到360万桶/天。到1985年，继续采取价格保护措施已经没有意义了，因此价格保护到此结束。结果是，石油价格从1985年的27.6美元/桶暴跌至1986年的14.4美元/桶，跌幅超过47%。沙特阿拉伯1986年石油产量增加是因为价格约束结束后石油需求量上升，而不是因为在产量上有意识地做出决定。

另两个案例中，沙特的生产活动无疑弥补了其他重要生产国产量大幅下降的状况，从而帮助抑制了价格上涨。这里的第一个案例与伊朗革命和两伊战争相关，但是比上文所述的1979年破坏市场稳定的事件持续时间更长。1978年，在伊朗革命及随后的两伊战争之前，伊朗的石油产量为530万桶/天，伊拉克的石油产量为260万桶/天。到1981年，伊朗和伊拉克的最低产量分别为130万桶/天和90万桶/天，总产量降幅高达570万桶/天，结果石油价格从14.0美元/桶涨至35.9美元/桶。要不是沙特阿拉伯的石油产量在这两年里从860万桶/天上升至1030万桶/天（涨幅为170万桶/天），价格飞涨的程度将更加剧烈。第二个案例是关于20世纪90年代初期对俄罗斯等国家石油产量下滑的弥补。由于深刻的政治和经济变革，俄罗斯石油行业遭遇浩劫，石油产量从

1989年的1110万桶/天下降至1994年的640万桶/天。此外，1990年伊拉克袭击科威特后，美国采取干预措施拯救科威特，随后联合国又对伊拉克实施制裁，导致伊拉克的石油产量从1989年的280万桶/天下降至1994年的50万桶/天。在这两年里，俄罗斯和伊拉克的产量下滑总量高达700万桶/天，但是石油价格却没有出现大的变动——主要是因为沙特的石油产量从560万桶/天上升至910万桶/天，增加的产量弥补了俄罗斯和伊拉克一半的产量下滑。

另外值得一提的是，1988—2010年，沙特的石油产量一直高于其允诺的配额（Laherrere，2011）。

## 归纳总结

本章所包含的分析结果总结起来比较简单：

许多学术研究表明，石油输出国组织不具备大幅提升石油价格并在之后较长一段时期内将价格保持在较高水平的能力。我们的分析印证了这一观点。为解释过去四十多年里石油价格的异常表现，需考虑石油输出国组织行为之外的其他因素。我们引用的一些学术研究甚至提出石油输出国组织是否为卡特尔的疑问，在我们看来，这仅仅是一个语义问题。

石油输出国组织从1983年开始执行生产配额制度。一直以来，石油输出国组织的作用和目标均不明确。有时，它可能导致石油价格略

## 油价真相

高于没有干预时的普遍价格，但是这种产量限制力度较小、时期较短，无法造成价格持续大幅上涨。此外，配额制度一直存在着舞弊行为，从而削弱了其本来应具有的市场影响力。

石油输出国组织从来没有采取措施来限制产能扩充。但是在我们看来，对于我们关注的焦点——价格干预取得成功并持续长久而言，上述措施是一个先决条件。

沙特阿拉伯在石油输出国组织中占有统治地位，其石油产能约占整个集团总产能的三分之一，但是经常出现生产装置未充分利用的情况，并一直扮演着集团产量调节者的角色。虽然沙特阿拉伯的一些行动具有清晰的目标——通过调用该国未利用的产能对其他地区的产量下降进行弥补，以稳定价格，但是另一些行动的目标并不明朗。从我们可获得的有限的证据来看，很难判断沙特阿拉伯的产量政策是通过稳定的目标进行管理，还是以一种特殊的方式实施。我们还无法确定沙特阿拉伯在产量干预中一贯奉行的动机。

我们认为非常重要的另一个观察结果是，沙特阿拉伯的石油产量变化并非与石油输出国组织协调一致。确切地说，沙特阿拉伯是基于国家计划（目标随时间而变）对产量进行调整，因此未对生产者集团在提高石油价格上的举措起到推动作用。

还有一点让我们略感意外的是，沙特阿拉伯作为石油输出国组织最主要的成员，其石油产量多次超出其允诺的产量配额。

# 第4章
# 石油枯竭和成本上升能为石油价格动态提供解释吗

以经济学家的观点来看，在石油枯竭的情况下，无论是实体资源量减少限制了产量增长，还是地下可用资源质量降低造成开采成本上升，都会致使石油供应变得更为昂贵。石油产量停滞不前或生产成本不断攀升将导致石油价格上涨，这似乎可以用来解释自20世纪70年代初期以来的石油价格动态。在上述观点中，石油枯竭被视为价格动态的重要驱动因素。该章节将提供证据来反驳这一观点。

进入本章主题之前，我们想先向读者介绍两种常见的情况，它们对石油枯竭在价格方面的作用提出质疑。第一，1972年之前的几十年里，石油价格（以实值计）呈微弱的下滑趋势，价格水平远低于随后的各个时期。即使在20世纪50年代和60年代，全球石油消耗量年增长率接近8%的背景下，石油价格仍呈下降趋势。那么，为什么石油枯竭仅仅只对随后几十年石油使用量年增长率不到1.5%的时期内的石油价格产生影响呢？第二，金属和矿物的消耗量与石油一样在增加，但是价格从20世纪70年代初期起上涨幅度不大，如果石油枯竭对1972年之后的价格造成巨大影响，那么对金属和矿物的情况又作何解释呢？当然，要合理解释1972年之后的石油价格表现，除了上述情况外，还必须考虑除石油枯竭之外的其他因素。

## 地下石油可用量受限是否对石油产量造成制约

为便于阐述，我们首先对本节内容中的几个概念进行定义。"探明储量"是指可使用最先进技术，以经济的方式和一致的价格从已确定的油田里抽提的石油的量。注意，要建立石油储备，需要相当大的勘探投资。"勘探"是指石油的搜寻及石油量的确定。采掘行业的公司通常只会建立为实施其长期生产规划所需的石油储备。只有现有石油量耗至所需水平以下时，公司才会进一步进行勘探，以建立更多储备。"可采资源"是一个更广义、定义相对没那么严格的概念。可采资源通常包括地质学观点上存在的、具有经济价值但尚未被发现的石油量。勘探分为几个阶段：首先是测绘，通常由政府在全国范围内实施，由此获得一些有关可采资源的信息；其次是发现，通常由私人公司参与勘探工作，从而确定探明储量；然后是投资，对开采设施和生产启动的投资。在整个生产时期（通常为几十年）内，勘探工作依旧继续，这段时期会出现"增值"现象（有时被称为储量增长）。这意味着除了在最初发现阶段确定的可采量外，还有其他的可采量转化为

**油价真相**

证实储量。增值通常是技术进步带来的，在建立额外储备上发挥着重要作用。美国地质勘探局在美国进行的一项研究（国际能源署，2005）表明，在油田整个开采寿命期限内实际开采量平均为最初发现阶段确定的可采量的六倍。但是怀疑派辩称，美国对发现阶段确定的可采量的报告比较保守，因此在油田开采寿命期限内的增值较高，这种现象全世界的油田都有出现（Klett和Schmoker，2003），包括欧洲等地区，由于报告制度相对宽松，这些地区的初始储量估算比美国高得多。

储采比（R/P）是一个常用的度量尺度，用于判断是否有充足的已探明资源用于确保持续平稳的产量增长。无论是化石燃料行业还是金属矿产行业，在未来30~40年内，探明储量均足以满足上述生产目的。

表4.1中，我们整理了近50年石油和铜矿的储采比，以探明是否有资源短缺的趋势，也能够比较这两种价格历史迥异的资源。石油的数据没有显露出任何资源枯竭的迹象。自1990年以来储采比的上升似乎是由公司目标随行业结构变化而发生改变所致，这将在第5章和第6章进行阐述。在将石油和铜矿的储采比进行比较的过程中，没有发现任何差异可以解释它们迥异的价格表现。

表4.1 各年份石油和铜矿的储采比

| 资源类型 | 1965 | 1970 | 1975 | 1980 | 1985 | 1990 | 1995 | 2000 | 2005 | 2010 | 2013 |
| --- | --- | --- | --- | --- | --- | --- | --- | --- | --- | --- | --- |
| 石油 | 31 | 35 | 33 | 29 | 33 | 44 | 43 | 40 | 40 | 46 | 53 |
| 铜矿 | 42 | 47 | 60 | 49 | 43 | 35 | 35 | 26 | 32 | 39 | 38 |

资料来源：BP世界能源统计年鉴，美国地质勘探局。

## 第4章 石油枯竭和成本上升能为石油价格动态提供解释吗

Adelman（2002）有力地证明，发现和增值上的投资带来了储量增加，产生了灵活性，可将储采比保持在所需水平：1944年，全球石油的探明储量为510亿桶。1945—1998年，共开采了6050亿桶，剩余10350亿桶。在世界石油产业的投资下，石油探明储量共增加17710亿桶，是原来探明储量的35倍。生产资本支出的目的是创造额外的探明储量。就石油库存量来说，临时开采不但没有减少探明储量，反而是探明储量增加的原因。

资源悲观主义者（Campbell，1997；Bentley，2002；Goodstein，2004；Roberts，2004；Deffeyes，2005；Simmons，2005；Aleklett，2012）提出了"石油峰值论"，21世纪前10年，他们的声音尤其响亮。他们的中心信条是当最终可采资源量（URR）被开采至一半时，全球石油生产速率将达到顶峰，但随着页岩油革命方兴未艾，这些悲观主义者几乎不再发表任何观点。在我们看来，最终可采资源量是一个荒谬的概念，它类似于可采资源量。根据上述信条，"石油峰值"即将来临（这一观点在20世纪90年代Colin Campbell的作品出版后就已提出），之后由于资源不足，石油产量将会一直下降。

"石油峰值论"信条面临的一个问题是，最终可采资源量必须是不随时间改变的常量，否则就不可能知道什么时候会消耗到一半。"石油峰值论"的拥护者声称，目前的勘探和开发技术已经相当成熟，因此可以确定一个可信的最终资源量。他们的观点与100年前那些自信满满的专家和分析师们一样。

1945—2005年的60年里对最终可采资源量的多次评估（图4.1）

**油价真相**

表明,各个时期均呈现明显的上升趋势。图4.1中五个圆形的观察结果是"石油峰值论"运动的主要代表Colin Campbell得到的。有趣的是,在Campbell进行观察的14年里,他将最终可采资源量增加了3000亿桶——全球10年石油消耗量,这反映了最终可采资源量处在不断的变化中。而由于知识和技术的进步,这种上涨的趋势还将延续。根据2000年至2005年的观察结果(Campbell的观察结果除外),最终可采资源量为27000亿桶或更多,而从石油史开端到21世纪第一个10年中期的最终可采资源量仅约为11000亿桶。因此,即使从"石油峰值论"者悲观主义的假想来看,我们离因资源稀缺而导致的产量峰值还有很远的距离。

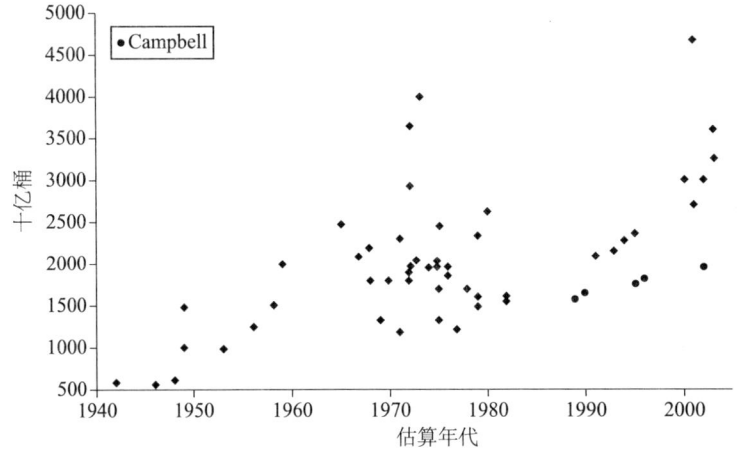

图4.1 不同时期最终可开采资源量估算值
资料来源:与Michael Lynch(麻省理工学院、战略能源和经济研究公司)的私人交流

总而言之,我们在对石油储量和资源量的调查中,迄今还未发现

不断增加的资源约束造成成本增加,继而导致价格上涨的迹象。资源可用量并不是过去40年石油价格暴涨的影响因素。

在结束定量评估之前,有必要对页岩油革命这一可能完全改变可抽提石油资源形势的近期现象做一个简单的说明。这一话题将在本书的第二部分进行详细探讨。随着钻水平井及水力压裂技术取得突破,大量新的石油资源可以通过经济的方式获得。目前,上述技术几乎仅在美国应用。结果是,20世纪70年代以来美国石油产量的下降趋势突然在2008年出现反转,2008—2014年的6年中,美国石油产量增长了73%以上。据美国能源信息署报告,近期已开始对页岩油可采资源量进行评估,由于勘探作业的进一步实施,页岩油可采资源量发生了巨大改变(美国能源信息署,2013a)。根据报告中的数据,美国可用的页岩油资源量为580亿桶。这可以与美国其他可采石油资源量(1640亿桶)或探明储量(250亿桶)相提并论。在开采几乎还未开始的其他地区,已知的页岩油资源量甚至更少。美国能源信息署于2013年所做的研究表明,其他地区的页岩油资源量为3450亿桶,比2011年的评估量翻了11倍。3450亿桶这一最新数据相当于全球可采石油资源量的12%,全球石油储量的21%。预计这一数值还将继续上升,同时我们断言,在未来数年,对于全球可采石油资源量的规模而言,页岩将扮演变革者的角色。

在进行上述量化研究后,现在是时候来回顾一下在我们搜寻石油枯竭迹象的过程中石油的成本效益。以下章节将围绕这一话题展开。

**油价真相**

## 全球石油行业成本效益

要确定和记录成本是一件非常困难的事情。最常见的资料来源是石油生产商，但是为了减轻行业的财政负担以及提高石油出售的价格，他们通常会夸大成本。由于成本数据分为多种不同的类型，因此查看成本时，必须注意包含哪些内容。对经济学家确定价格有指导意义的边际项目的成本往往很难获得。

下面给出了20世纪90年代、21世纪最初的10年和第一个10年的石油价格和成本，以美元（2010年）/桶表述，采用联合国出口制成品单位价值指数（美元）作为平减指数。下列数据意在反映石油供应的总成本，包括资本成本和操作成本、正常投资报酬和标准税费，但是不包含运输成本和特殊财政费用：

- 据常被引用的Rogner的研究（1997），当石油平均价格为22美元/桶时，预计常规石油的成本小于14美元/桶，很少使用的非常规石油的成本为40～43美元/桶。
- 据国际能源署（2001）调查，当石油价格为31美元/桶时，中东主要石油生产商的成本约为5美元，国际主要石油生厂商的成本为8～14美元/桶，加拿大非常规石油的成本为6～20美元/桶。由于油砂开采技术的进步，与20世纪90年代相比，后者的成本大幅削减。
- 《能源杂志》总结了一篇2006年Aguilera等人撰写的颇有雄心的

论文（当时石油价格在70美元/桶上下徘徊），这篇论文将全世界约90%的常规石油资源的成本定为17美元，与加拿大油砂的成本水平相当。伊拉克和沙特阿拉伯的石油成本为1~3美元/桶。
- 2008年石油价格为93美元/桶，加拿大国家能源局（2008年）估算的油砂成本为29~33美元/桶。
- 与此同时（石油价格仍为93美元/桶），国际能源署（2008年）估算的油砂成本为32~62美元/桶，超深水石油（如巴西盐下）成本为60美元/桶以下。
- 2013年石油价格为109美元/桶，国际能源署（2013a）估算的常规石油成本为10~70美元/桶，重油和油砂的成本为50~90美元/桶，超深水石油的成本为70~80美元/桶。

以上成本数据体现出两个显著的观察结果。第一，虽然不可否认过去几十年里成本一直在上涨，但是比同期价格水平还是低得多，因此仍留出充裕的空间供大部分石油生产商牟取最大利润。第二，成本和价格之间的显著差异表明，石油资源枯竭、石油租赁盛行所造成的成本不断上升不能解释实际的价格表现。

从非常规角度看待过去十年里石油生产成本的状况，成本上升实质上是由高昂的价格驱动的（而不是成本上升导致高昂的价格），因此既然石油价格已经从2011—2014年的异常水平滑落下来，目前的成本水平也不会持续不变。我们的观点是，石油生产成本可能将要到达周期的最高点。如果2014年末石油价格下降后较低的价格能得以维持，那么这一观点将有特别的意义。国际能源署（2011）似乎对这

## 油价真相

一观点表示赞同，提出，"在过去十年里，全世界提升石油生产能力的成本翻了两倍，这主要是因为材料、人力、设备和服务的成本在上涨"。这意味着成本的上升并不是因开采过程中的资源枯竭而引起的。

Tilton近期（2014）开展的研究虽然是针对硬质岩石矿物，但是与21世纪第一个10年石油成本的演变高度相关。该研究对石油枯竭在石油成本上升方面起着重要作用这一观点提出了多方面的质疑。

Tilton阐述了在资源行业繁荣且资源价格高昂时生产力下降及成本上涨，以及资源行业衰退且资源价格较低时生产力提高及成本下滑的一些原因。他的某些重要观点适用于石油行业，包括：

- 高昂的价格激发生产商花费更高的成本去开采劣质资源，从而提高了整个行业的平均成本。
- 高昂的价格驱动了投资活动，增加了资本成本的金额，但是在整个孕育期直至生产启动之前不会产生任何回报。
- 高昂的价格刺激生产商加速投资进程，并以高于最优状况的产能利用率实施生产；同时，高昂的价格还导致成本控制力度减弱——在行业繁荣期内，生产商几乎很少花费时间和精力来提升技术和实施其他节省成本的措施。所有的这些都提升了成本水平。
- 投资和生产活动的加剧带来所需投入的实物和人力的成本压力，同时，由于行业的扩张，投入品经常会发生代价高昂的延迟交付；在过热的劳动力市场，生产商对所雇佣劳动力的素质变得没那么挑剔。由于这些原因，整体的成本水平水涨船高。
- 在价格暴涨的时期，与成本上升相关的罢工、意外事故和停工变得更为常见；在生产减速和工人裁员都不太可能实现的时期，代价高昂的公共干预也变得更为常见。

1980—1985年，在过高的石油价格暴跌之后，生产成本也发生了巨大变化，这进一步印证了我们"价格决定成本"的观点。据国际能源署（2001）称，全世界的找油和石油开发平均成本从1979—1981年的21美元/桶下降至1997—1999年的不到6美元/桶，同时期内，全世界的采油成本下滑幅度超过一半，降至3.9美元/桶（付款当日价格）。这表明，在石油价格降低的情况下，成本确实出现了显著的调整。如果价格维持在远低于2010年末至2014年中的高价水平，类似的变化也有可能发生。在2015年石油价格下降的背景下，主要的石油公司已经对全球运营成本进行了初步缩减。

## 归纳总结

之前章节中给出的量化证据表明，石油枯竭并不是自20世纪70年代早期起石油价格表现异常的原因。根据我们的分析，石油成本确实有上升趋势，至少从21世纪初起是这样。但在我们看来，成本上升主

## 油价真相

要是由于2005年以来的高价格水平所致,而非资源枯竭所致。

图4.2对以上关于资源量和成本的探讨进行了概括,并且对2008年常规石油和非常规石油资源量及开采成本进行了总结,该年度能很好地反映过去十年内石油成本的平均水平。但是需要注意的是,图中没有将最近才确认的页岩油资源纳入考虑范畴。虽然如此,可开采石油资源仍然充裕,而且即使最边际的资源,其供应成本也远低于21世纪第一个10年中期以来的价格水平。图4.2于2008年绘制,当年全球的石油消耗量约为300亿桶。这种消耗水平可以持续65年左右,石油开采成本不超过30美元/桶。如果成本接受范围可达60美元/桶,那么上述消耗水平可能会持续更长时间。而且,图4.2也没有考虑页岩油及其他常规和非常规石油资源的增加,以及未来几十年技术进步引起的成本下降。

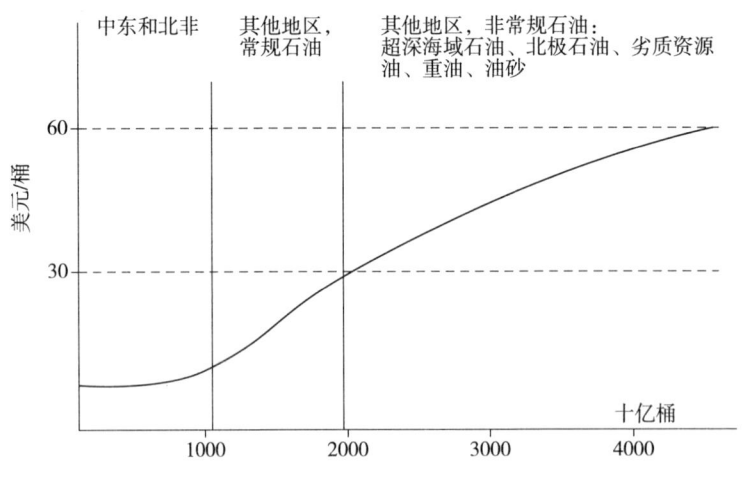

图4.2 2008年石油资源量和开采成本
资料来源:国际能源署(2008)

## 第4章 石油枯竭和成本上升能为石油价格动态提供解释吗

过去,无论是物质层面还是经济层面,石油枯竭从来都没有对石油价格造成威胁;同样,在可预见的未来,它也不太可能对石油价格造成威胁。因此,我们还将继续探索自1970年以来石油价格表现异常的原因。

# 第 5 章
# 国有制、政府贪欲和产能扩张减缓

为对石油价格的历史上涨现象做出解释,本章将探讨国有制的问题。虽然国际私营石油公司的市场资本总额、收入和利润在全世界各个领域中处于领先水平,但是新兴的石油巨头均为国有企业(通常称为国家石油公司)。其原因众所周知:几乎全世界所有的石油储量均处于国有公司的控制之下。

本章将围绕国有化和私有化的动荡历史、政府运营石油行业的能力以及行业内国有及私有公司实施的繁琐的财政体制进行阐述。我们将列举全世界范围内的实例进行详细说明,以探索上述因素对价格的影响。我们通过对比石油行业与金属和矿物行业,获得新的视角。虽然人们很容易得出结论——国有企业的缺点以及过度的财政压榨是石油价格表现异常的重要原因,但是我们认为大部分价格上涨还有待解释。

## 20世纪60年代和70年代的国有化浪潮

在1960年之前,除了社会主义国家之外,全世界其他国家的石油资源几乎全部是私有的。例外的情况是:1938年墨西哥将石油生产商国有化;1951年伊朗将石油资源据为国有。随后的20世纪60年代和70年代,阿尔及利亚、伊拉克、科威特、沙特阿拉伯、委内瑞拉等国出现了国有化浪潮(Marcel,2006),截至1979年,在全球非社会主义国家中,不低于55%的石油资源由政府占有(Vernon,1983)。石油资源国有化并非孤立事件。同时期内,许多非燃料矿物产业也发生了国有化浪潮,20世纪50年代,非社会主义国家铜矿业、铁矿业和铝土矿开采业的国有资源占总资源量的份额均出现明显增长,截至1984年分别达到85%、71%和40%(原材料集团,2006)。

20世纪60年代和70年代,大部分欠发达国家在划分正式或非正式殖民地公债后,经历了历史上独特的经济解放过程。随着后殖民时期行政、技术和管理能力的逐步提高,政府当局的野心开始膨胀,意图通过控制和管理国民经济来促进发展。这一举措造成了综合而深远

## 油价真相

的影响，接管国外生产资产就是这一过程中的重要一环。据Williams（1975）估算，1956—1974年，约四分之一的外商直接投资被国有化，其中60%没有获得补偿。

殖民政府成立并掌握日常管理事务后，特别重视化石燃料和矿物行业。这些行业也在国有化进程中占据了主导地位，政府首先对自然资源进行干预就不足为奇了；第一，自然资源行业往往主导着国民经济；第二，自然资源行业里的公司通常为外资公司；第三，民众普遍认为石油和矿物资源为国家财产，需要政府控制，以防被私人（尤其是外商）挪用❶；第四，地下资源是固定的，便于政府进行公共干预，不会出现政府控制不到的情况；第五，资源报酬高昂且源源不断，但是很难通过财政措施有效地调拨这些资源报酬，这让政府产生了强烈的将资源国有化的愿望。只有掌握直接所有权，才能对行业进行有效控制，才能将大部分资源报酬用于国家利益。1945年至1975年（至少）期间，大部分公有制地位得以确立，全世界社会主义倾向显著，人们对集体行动坚信不疑。基于上述原因，公有制为国家获得化石燃料和矿物开采带来的全部利益提供了保障，从而确保最大限度地促进国民经济增长和发展。

到20世纪80年代末期，很显然，欠发达国家化石燃料以及金属和矿物行业的国有企业并没有达成预期目标。从20世纪90年代初期起，一股强劲的私有化浪潮席卷了金属和矿物行业。到2005年，铝土矿、铜矿和铁矿行业的国有成分分别跌至18%、20%和13%（原材料集

---

❶ Wenar（2008）甚至进一步提出，自然资源所有权是人权的一个要素。

团，2006），均不到1984年国有化顶峰时期的一半。相比之下，因为某些原因（将在本章后文中进行说明），化石燃料大部分仍为公有。

在对欠发达国家资源行业国有公司绩效进行评估时，需要将新成立的、经验欠缺、效率低下的公司与已获得运营所需的专门技术但是由于国有制的固有特征而造成绩效和能力不成正比的成熟公司区分开来。下一节将阐述因新的所有者及其管理部门在技术和业务上的不足而导致的效率低下现象，这种现象虽然是临时的，但通常持续时间较长。之后一节将探讨当国家是唯一或占支配地位的所有者时，经常会碰到的、更永久的效率问题。

## 因经验不足而导致的效率低下

如前所述，20世纪60年代和70年代，欠发达国家在实现政治独立不久后便掀起了快速、密集的国有化浪潮，确立了自然资源行业的国有制。获得经验、提高运行效率是一个旷日持久的过程，因此，虽然大量国有公司在国有化浪潮的推动下成立，但是这些公司均存在效率低下的问题，这主要是因为他们都是行业新手，缺乏经验（而不是因为自身的国有属性）。

国有化通常需要高昂的准备成本。国有公司成立后，在从外商处接手运营管理的初期阶段总会遇到很多困难。原来的所有者一般都会对补偿表示不满，不太愿意提供帮助。在许多情况下，由于对原来的

## 油价真相

所有者不信任，新的所有者甚至不会要求其提供支持。新的管理者缺乏相关经验，但是在他们能获得必要的技能之前的很长一段时期内，需要承担所有责任。结果是，接手后的管理过程不可避免地出现混乱与混沌，导致运营无法正常进行，然后在很长的一段时期内逐渐平息。最初，管理部门由于缺乏经验，甚至无法维持全产能运营，导致生产成本上升，将所得利润耗尽。

有效证据表明，要克服国有化之后的管理混乱和效率低下问题，需要及时地做出一系列改变。上述情况的改善速度与国家的经济发展水平、国家管理者之前对行业的了解程度以及在外部专家（包括先前的所有者）提供管理支持和培训的条件下实现建设性安排的能力相关。对新设施的投资可以说是管理部门所面临的最复杂的任务，因此扩大产能所需的技术能力成为重中之重。

要弥补初始运营时的效率损失并提高产能和产量，无论如何都需要5～20年的时间。在某些情况下，如赞比亚铜矿行业，上述目标从来都未达成（Radetzki，1985）。委内瑞拉的石油资源已于20世纪70年代转归国家所有，但是自2000年实施国有措施以来，行业的效率和产能又遭遇了新的损失，至今仍未恢复。正是由于这种因缺乏经验而造成的持久甚至永久的缺点，20世纪90年代掀起了金属和矿物行业的私有化浪潮。除了缺乏经验外，国有企业还具有更永久的特点——效率低下和绩效不佳。现在我们对这些特点进行说明。

## 欠发达国家国有资源企业的行为特征

所有公司，不管是私有还是国有，均应遵循相同的现有法律和制度机制。国有公司出现不同的行为是因为公有制下的所有者倾向于施加影响、分配利益和建立运营限制——所有这些行为都是为了影响公司行为，以达到政治目的。因此，举例来说，利润最大化的目标通常被纳入更广泛的社会目标以及当权政治家制订的具体计划。

最理想的是，能在资源行业内追寻利润的私人公司与具有更广泛社会追求的国有企业之间确立明显的界线。在现实世界中，这两类企业之间的不同是模糊的。私人公司通常近似但很少完全符合纯粹的宏观经济范式。最近几十年，资源行业的私营跨国公司越来越受到法律或公约的制约，除了追求利润最大化外，还要行使其他职能。自20世纪90年代以来，私营公司被诱导采用"社会责任"这一定义模糊的准则，以避免被政府当局以及各个领域有不同计划的众多非政府组织（NGO）抨击——近期的一个事例是，由于人们对水力压裂过程中产生的环境和安全问题表示强烈抗议，北美非常规油气行业的公司需要申请"运营社会许可"（在第二部分中进行阐述）。

国有资源企业形态多样，取决于其所有者的政治意图。这些企业特征的一个极端是几乎与私人公司没有什么区别，另一个极端是对社会和政治目的的考量凌驾于资本收益率之上。虽然这些企业之间的界线比较模糊，但从事资源开采的私人公司与在相同行业运作的国有公司在目标、特征和行为模式上存在明显差异。

**油价真相**

正如前文所述，在所有者的控制下，从事矿物和化石燃料开采的国有公司通常要比私人公司追求更复杂和多样化的目标。工业化国家和欠发达国家都存在这种情况，只是后者更为普遍。因此，除了提升资本收益率外，国有公司通常还要承担广泛而深入的"社会责任"。这些责任涵盖就业、技能培训、对外交流等与公司活动直接相关的项目，还包括地区发展、全国性技术提高等更广泛的目标——即使追求这些目标会对公司的盈利能力和长期的财务健康造成损害。

在非盈利性目标确实能对国家的社会发展做出贡献的情况下，国有公司额外追求这些目标完全是无可非议的，但是这些目标势必会产生支出，造成矿物和化石燃料生产成本升高，进而导致公司的国际竞争力下降。

根据要求，国有公司的活动不仅要产出资源，还要带来社会福利，这类似于要求在生产主产品的同时从资源中提取副产品。不管副产品是矿物/化石产品还是社会福利，都会产生成本。矿物/化石副产品可以带来收入，通常能增强公司的盈利能力，但是社会副产品不能，反而导致利润下降。如果社会赋予社会副产品足够的价值，结果可能是令人满意的，且从社会的观点来看，不需顾虑效率低下的现象。

但是，社会目标凌驾于利润动机之上往往会造成明确的效率低下甚至进一步增加公司的生产成本，这还有另外一个原因。在设有多个目标的情况下，对经营绩效进行衡量会更困难，从而减轻了将成本最小化的压力。在同时追求若干个目标的情况下，追求不同社会目标的公司相对于那些把利润最大化作为衡量管理绩效质量的主要标准的公司而言，成本水平高更容易说得过去。

此外，基于政治原因委任高层管理人员是习惯做法。于是，管理职位都是由那些"应受"政治奖励以及能回报其政治长官的人员担任。由于在委任的过程中忽略了专业素质，因此效率明显变差。据Auty（2003）简述，随着企业"成为政治恩庇的提供者"，管理人员"转而执行政治主张"。与此相关的一个现象是，国有企业经常面临官僚政治压力，在重要决策上受到制约。关于举棋不定、过于活跃的官僚如何有效地控制投资决策进程，国际能源署（2014b）列举了大量实例。

下一小节将对资源行业的财政待遇进行一般说明，对石油行业的财政待遇进行特别说明。在这一点上，应特别注意，对国有资源企业超额征税已成为一种政治习惯，影响了企业在产能扩充甚至产能维持上的投资。

为了完整性，这儿有必要提及21世纪兴起的主要新型国有控股企业。可以简要叙述，因为我们认为这些企业的活动不会对全球石油供应或石油价格产生重大影响，这也是我们研究的主题。这些新企业的代表性特征是，其股票在交易所进行交易，同时国家通过持有企业大部分股权对其实施控制。在一些重要方面，这些公司类似于私人石油公司。资本收益率是一个主要目标，因此比传统国有公司效率低下的现象要少得多，若是效率低下，一般公众会对持有公司股票失去兴趣。这些公司的主要目标要么是在公众监督下管理好国家的石油资源，例如巴西国家石油公司、俄罗斯国家石油公司和挪威国家石油公司，要么是通过投资国外石油项目来确保本国的石油供应，例如中国海洋石油总公司（CNOOC）和印度石油天然气公司（ONGC）。

# 财政征收过度和投资资金缺乏

自然资源的税收收入最大化是政府一个很自然的愿望（有时候为了未来考虑，需要保护地下资源，征收的税费可能显得荒谬）。主要问题是，当价格和利润迅速增长时，税率通常也会显著上涨，但是当市场出现疲软、利润下降时，税率却不会下调。普遍来看，政府没有长远的眼光，没有把增加收入建立在确保企业长期生存的基础上。同时，大部分价格预测过于乐观也助长了这种目光短浅的行为，石油行业是这样，矿物行业同样如此。上述政策失败会对政府及其预算带来祸患，在公共负担过大时，行业可能会收缩，甚至瓦解。

在欠发达国家，强加于自然资源公司的财政政策通常忽视了由此带来的长期后果，且过于强硬。可以证明，在某些情况下，国有石油公司处于最艰难的条件下。

举例来说，一些国家（如厄瓜多尔、伊朗、墨西哥、秘鲁等）的国有石油生产商被强制要求把运营产生的盈余作为政府预算（国际能源署，2006a），然后国有公司需申请政府资金来满足开采以及产能扩充或维持的需求。这种做法导致的后果是，公司可能通过人为操纵将成本提高和少报利润来确保更多的财政资源处于公司的掌控下。尽管如此，产能扩充可能放缓或停滞，甚至在某些情况下，由于缺乏资金，现有的产能也无法维持。据Auty（2003）所述，秘鲁国家石油公司由于缺乏投资资金导致公司萎缩，令人印象深刻。到1989年，该国有石油公司不过是向政府输送石油税收的渠道而已，甚至是以牺牲石油勘探和油田开发为代价。国有石油巨头印度尼西亚国家石油公司在政府控制下做出了颇有意思的变革。一名没有管理经验的有影响力的政治家被任命为公司领导。由于他的政治操控，政府失去了对该公司的控制。随后，资金多次被花费在与石油业务无关的亏损企业上，造成石油投资不足，从而导致石油产量不断下滑（经济学家，2006）。

缺乏维护现有产能和扩充产能投资所需的资金不是石油行业的专有现象，也不仅仅是因为政府留成过于繁重。刚果民主共和国国有铜矿生产商——刚果采石采矿总公司可能是资本结构调整最糟糕的案例（Bomsel, 1994）。该公司因管理不当造成资金紧缺，其产矿量从1975年的50万吨骤降至20年后的3.5万吨，由于放弃了设施维护，公司被迫抽调设备和备件来维持运营。

1979—2005年，全球石油产能得以充分发挥，但是石油输出国组织主要国有集团的产量下降3%，而其他地区的产量增加超过60%（BP世界能源统计年鉴）。许多石油输出国组织成员国没有进一步拉动投资来开发特殊资源，这可以看作是卡特尔政策的体现，虽然我们在之前的章节中提出，石油输出国组织从未对产能增长进行限制。另外，

## 油价真相

不排除有其他似是而非的解释，例如，20世纪70年代石油价格上涨后，许多石油输出国组织成员国的政府作为公司所有者迅速提高了用于福利计划及其他社会目的的花费，同时，支持这些计划所用的资金来自税收，因此石油公司几乎没有盈余，无法对产能扩充进行投资。不过，在国有化之后的几十年里，缺乏实施投资的能力也可能阻碍产量的增长。

这种毁灭性的政府行为绝非仅在国有公司中出现。全世界实施的政策都反映了政府的贪欲，私有行业同样受此影响。这种态度就是"夺取现在你能夺取的，不要去管遥远的未来"，我们可以用两个事例予以说明。

第一个例子与北海相关。由于越来越多的石油生产商（包括几个国际大型石油公司）离开，挪威和英国（主要石油生产国）的石油总产量从2000年的610万桶/天下降至2014年的270万桶/天。再加上石油资源枯竭，北海对石油生产商的吸引力下降，但是紧缩的财政政策也是造成石油产量下降的重要原因。2011年，英国石油行业代表抱怨道，由于英国政府计划将石油行业的附加费用从21世纪第一个10年初期的10%增加至32%，大批石油生产商将从英国转移至挪威。由于财政政策环境不宽松，银行不愿提供投资资金，石油行业的财政问题进一步加剧（华尔街日报，2011）。那么挪威石油行业的财政政策环境的吸引力又大多少呢？2013年，挪威的公司税从28%下调至27%，但是同时，燃油税从50%增加至51%，北海石油行业的总征税仍为利润的78%，保持不变（华尔街日报，2013a）。当然，由于财政征收没那么繁重，石油生产商在现有石油资源的强化开采和其他技术领域的投资仍然有利可图，因此自2000年起北海的石油产量下降幅度也要小得多。

第二个例子是俄罗斯（国际能源署，2011）。据估算，2010年西伯利亚未开发油田的石油开采成本为12美元/桶，此外还有运输至出口港的运输成本6美元/桶，而石油价格为79美元/桶，看起来似乎石油交易是非常具有吸引力的。但是俄罗斯的矿物税为14美元/桶，出口税为40美元/桶，税后的盈余仅为8美元/桶——还不能保证收回投资。

虽然在石油价格非常便宜的中东国家，海外石油公司的石油开采合同条件是高度机密的，鲜为公众所知，但是泄露的零散信息表明，这些国家的税后利润与北海和俄罗斯的情况半斤八两。而在中东开采石油要比在北海承担更大的政治风险。这使得大金额的长期投资望而却步。

政府野心勃勃地试图平衡高利润石油行业的预算，就像国际卡特尔一样，限制石油的长期供应。这对石油价格的影响远比石油输出国组织的配额制度要大得多，可能与国有企业效率低下产生的影响一样大。最大限度收取石油资源报酬的政策决定以及国有企业的缺点成为了石油价格表现异常背后的重要因素。但是要注意其中的因果关系。我们认为首先有石油价格上涨，然后才有过度财政征收现象。政府在价格仅适度增长的金属和矿物行业的征税额度更低、范围更窄，这可以为我们的见解提供支持。

**油价真相**

# 金属和矿物的私有化和烃类资源国有化

本章之前阐明的情况可以解释欠发达国家资源行业国有化幻灭的原因。现总结如下：

- 资源国有化后，接管部门缺乏管理经验，在较长一段时期内管理效率低下，造成生产成本升高、利润降低，同时无法对产能扩充进行综合投资。
- 公司除了实现资本回收外，还被要求达到一些社会目标，导致成本进一步增加。
- 目标多样化也造成成本控制不力，将成本进一步推高。
- 将政治功绩而非专业技能作为管理岗位的任职条件，导致在执行产能扩充综合投资时成本增加、困难重重。
- 国有公司的财政待遇有时甚至比对私有企业的征税还要苛刻。政府作为公司所有者，在许多情况下意图拨用运营产生的盈余，造成产能扩充甚至现有产能维护所需的投资资金不足。这在石油行业尤为如此。

总而言之，欠发达国家金属和矿物以及烃类资源国有化后，生产成本将会更高、产能扩充将会更慢。虽然上述观点被广为接受（Borchering等，1982；Megginson和Netter，2001），但是必须强调仍存在许多例外情况：国有公司如同其运作的社会和政治环境一样形态多样。智利国家铜业公司（CODELCO）、巴西淡水河谷公司（CVRD）、挪威国家石油公司以及巴西国家石油公司没有表现出国有公司普遍存在的效率低下。但是，自2014年以来，巴西石油公司传出政治腐败丑闻而遭受重创，公司的经济效率备受质疑。

国有金属和矿物公司的绩效令人十分失望，因此在20世纪80年代末期和20世纪90年代（Radetzki，2008），金属和矿物行业掀起了私有化浪潮。赞比亚铜业就是一个鲜明的例子，可以用来解释资源国有化愿望的幻灭。20世纪70年代早期，铜矿资源国有化；20世纪90年代早期，铜矿资源出售给私人。对比一下1974年（国家接管的时间）与1982年（国有制实施八年后）的行业绩效，就会发现从国有到私有不足为奇。如表5.1所示，在国家接管时，铜矿利润非常可观，接管后的八年内，铜产量下降25%，生产成本（以常币值计）上升22%，损失严重。是的，国有制确实保证了所有资源报酬均为国家所用，但是在国家的管理下，资源报酬严重缩减至微不足道的地步。

表5.1 赞比亚铜业绩效

| 年份 | 产量（千吨） | 全球份额（%） | 成本（美元*/桶） | 税前利润（百万美元） | 税费（百万美元） |
| --- | --- | --- | --- | --- | --- |
| 1974 | 710 | 9.3 | 0.63 | 775 | 477 |
| 1982 | 530 | 6.5 | 0.77 | −186 | 3 |

\* 以1981年常币值计。

资料来源：Radetzki（1985）。

在石油行业，肯定也能观察到国有制导致行业绩效严重下滑的现象，而且与金属和矿物行业相比，石油行业并没有出现私有化浪潮。甚至正相反，欠发达国家进一步加强了对石油行业的控制。《经济学家》（2013a）的一篇文章指出，在21世纪第一个10年里，国有石油

## 油价真相

公司控制了全球90%多的石油探明储量。据该杂志称，大型私有国际石油公司的时代即将结束。我们认为这是个草率的结论。在我们看来，私有公司将会有更好的市场定位——开采页岩油革命和常规石油革命带来的石油资源（见第二部分）。

然而，图5.1证实了《经济学家》的观点到目前为止是正确的，并给出了各大石油公司的具体石油储量。从拥有的石油储量来看，国有公司在向前跨进，而国际私营石油公司已经完全边缘化。可是，图5.1并没有证明国有控股公司拥有的石油储量能以最经济、最简便的方式进行开采，因此还没有完全凸显国有公司与日俱增的优势地位。而对于私营跨国公司而言，基本上只剩下了高成本的劣质资源。

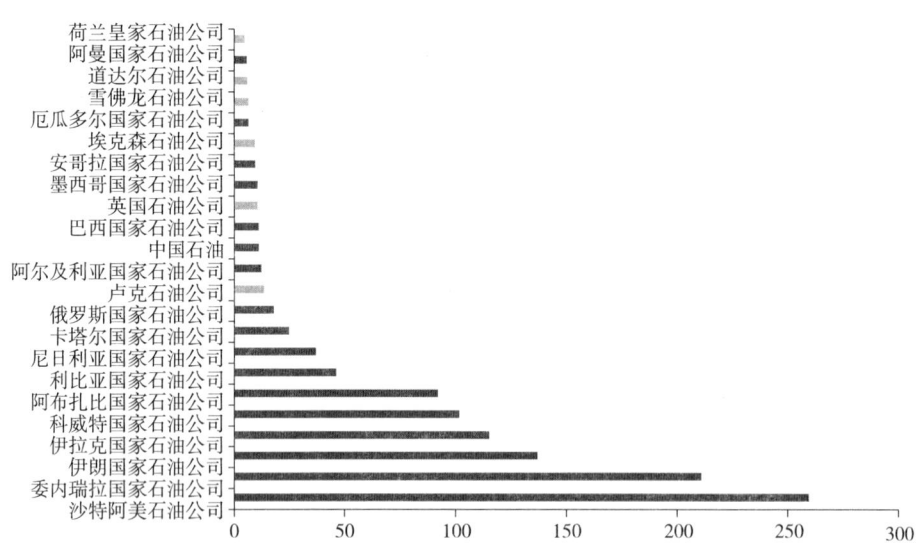

图5.1 2010年各大石油公司的探明石油储量（10亿桶）
国有控股公司以深色表示
资料来源：《油气杂志》（2011）

我们认为，自20世纪70年代初期以来，金属和矿物价格变动比较平稳，而石油价格增长幅度异常，这种显著的差异可以解释为什么金属和矿物行业出现私有化浪潮而石油行业仍实行国有制。

两个行业都在国家管控下遭受巨大损失。金属和矿物行业利润萎缩，甚至完全没有利润，这明显说明矿物资源报酬被滥用，因此有必要对制度环境进行重新考量。而石油行业，由于石油价格增幅明显，行业仍有利可图，且效率低下的现象相对较少，因此对国有制的态度更为宽容一些。

## 有趣的结论

本章充分论证了欠发达国家国有金属、矿物和石油行业中的效率低下现象。受这种缺点影响最大的是产能扩充方面的投资——公司管理层面临的最复杂的技术和财政任务。产能增长受到抑制导致供应受限，在其他条件不变的情况下会造成价格上涨——这种影响对金属和矿物市场以及石油市场是等同的。但是这与我们的价格观察结果背道而驰，因此我们更有理由相信，国有制下的管理不力现象仅仅是石油价格上涨幅度异常的一小部分原因。

随着石油价格不断上升，石油利润也迅速增长，这激起了政府的贪欲：意图将石油生产的大部分或全部盈余作为税收，用以巩固政府预算。通过这种方式，政府政策进一步抑制了石油产能的提高，导致

**油价真相**

石油价格继续上涨。因此,全球石油行业繁重的财政征收就像抑制供应的卡特尔一样,其对价格的影响比石油输出国组织的配额制度更大。

即便如此,我们还是认为,管理效率低下和财政征收过度并非过去四十多年里石油价格上涨十倍的主要原因。我们观察到一个有趣的现象,政府留成是在石油价格上涨之后才愈演愈烈的,这为上述质疑提供了支持。因此,石油价格显著变化还有其他原因尚待解释。

# 第6章

# 资源诅咒和产能衰减

资源报酬的纷争（可以将其看作资源诅咒的表现），使得新产能扩充无法实现，甚至经常导致现有产能大幅削减；资源报酬的纷争是石油市场价格变动异常的主要原因。资源诅咒在石油行业（资源报酬更高，更有争取价值）比金属和矿物行业（利润较低、报酬水平较低）更为严重。

## 什么是资源诅咒

资源诅咒，按照该理论支持者（Sachs和Warner，1999；Auty，2001；Gylfason，2002）的说法，是指拥有丰富的化石燃料、矿物等自然资源的国家，由于对自然资源过分依赖，导致经济的平庸化。据称，与经济发达程度相当的其他国家相比，这种依赖性使得这些国家经济增长和社会进步放缓。这一发现与石油资源也高度相关，因为石油生产和石油贸易带来的价值比其他商品高，国民经济依赖于石油资源的现象比依赖于矿物资源的现象还要常见得多（见表1.1；另见Radetzki，2008）。

国民经济对石油或矿物开采的依赖度很高会阻碍经济发展这一观点也并非无可争辩。Davis（1995）将第三世界依赖化石燃料和矿物资源的22个经济体与不依赖矿物资源的57个经济体在1970—1991年的经济状况进行比较，发现前者的人均增长和人类发展指数均比后者要好得多。Maddison（1994）里程碑式的研究成果表明，1913—1950年，加拿大、芬兰、瑞典、美国、拉美国家等资源充裕的国家比日本、韩

## 油价真相

国及其他资源贫瘠的亚洲国家发展速度要快得多。Maxwell（2004）将1980年后的智利也纳入了矿产资源丰富的高速发展经济体行列。在众多怀疑者中，Wright和Czelusta（2004）课题研究的标题"资源诅咒的神话"一针见血。

一些论据被提出来为石油和矿产资源充裕的国家发展表现更糟糕这一说法提供支撑。一个是石油和矿产市场不稳定，容易造成混乱。另一个是资源充裕的国家经济具有二重性，两极分化明显，需要通过宏观经济再平衡来克服由此带来的危害，但这是一个痛苦且代价高的过程。经济学专业甚至将这一问题取名为"荷兰病"，体现为自然资源丰富的行业需要大量的人力和资金，造成资源价格上升，同时资源出口的贸易盈余又会导致货币升值。其后果是，所有非资源贸易部门竞争力下降并开始萎缩。在极端情况下，还可能导致宏观经济完全受资源活动支配。

资源诅咒的一个特殊表现是，对石油和矿物资源的高度依赖性经常引发社会紧张和管理不力（Robinson等，2006）。特别是石油财富，通常会带来很高的资源报酬。但是这并非纯粹是一件幸事，因为资源报酬高易引发腐败和挥霍，例如：公共投资项目"华而不实"，在竞争性环境中没有任何经济前景。随之而来的一个明显问题是，由于资源报酬高，国内外不同的利益集团均意图拨用资源开采带来的财富，因此经常会导致破坏性的国内和国际冲突，就像麻醉剂生产和交易中遇到的情况一样。

实验性证据表明，在经济成熟的社会里，更容易制定和执行合理的政策，同时民主制衡有利于资源报酬实现更公平的分配，因此可以更好地应对高度资源依赖给经济增长带来的危害（Gylfason，2011）。

关于资源诅咒对经济增长的影响的争论，我们不偏向于任何一方的观点。由于不同的利益集团都试图让自己处于可以拨用石油资源报酬的位置，许多高度依赖于石油开采的国家置身于接连不断的国内和国际冲突中，甚至经常会爆发军事冲突。这是我们将在以下章节重点分析的有关资源诅咒的一个方面。虽然情况各不相同，冲突也掺杂着宗教、文化及政治元素，但是我们认为多数情况下，石油的支配地位是一个共同特点。同时应注意，冲突的焦点主要还是石油开采带来的高报酬的分配。

石油开采引发冲突，随后还出现石油产量下滑。然而，在金属和矿物行业，我们并没有观察到严重程度与幅度类似的冲突和产量下滑。因此，以下章节将完全专注于石油行业，追溯石油开采引发冲突的原因，并研究冲突对产能发展的影响。

## 危机及供应短缺

国际能源署（IEA）于1974年在第一次石油危机的背景下成立，其主要目的是减少即将到来的石油供应中断对成员国的影响。因此，自成立以来，国际能源署一直密切关注石油市场内石油供应的不稳定

## 油价真相

性及其原因。图6.1主要参考了国际能源署的资料，对自1974年以来的石油供应危机进行了描述，同时还记录了更早期的两次重要事件。图中内容虽然高度概括了危机的历史，但是仅描述了危机活跃期内的供应量下滑情况，而没有关注危机的持续影响，也没有说明具体是哪个国家或地区的供应受到危机的抑制。此外，该图关注的焦点完全在现有设施的供应量上，并没有反映各个危机对产能演变的影响（我们的关注焦点）。图中所列危机事件着重于重大危机事件，而未涉及那些持续时间较长，但对产能影响较小的小规模冲突事件。尽管如此，我们还是可以从图中所示的各个事件中获得重要的量化信息。此外，图中中东和北非地区（MENA）的危机事件占据了压倒性的篇幅，引人深思。所列的10个危机事件中，只有一个发生在中东和北非之外的地区。

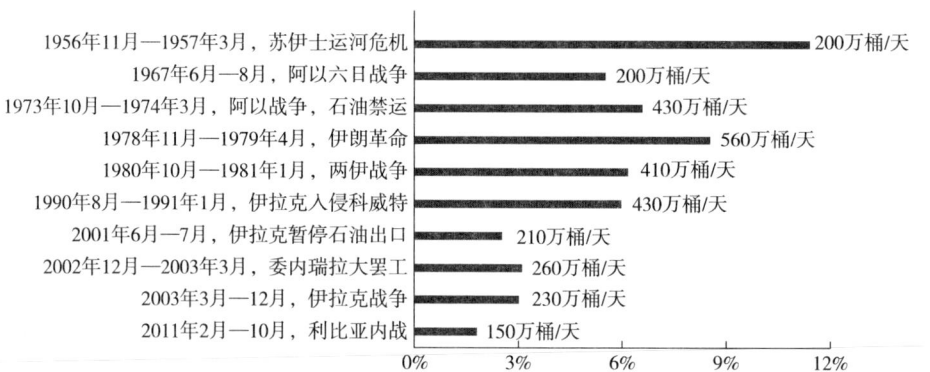

**图6.1 政治危机造成的石油损失（占全球供应量的百分比）**
图中所列数字为各事件持续期间石油产量的损失
资料来源：国际能源署（2014c）

如图6.1所示，按相对价值计算，苏伊士运河危机造成的供应损失最为严重，几乎让全球供应量缩减了12%。绝对损失量为200万桶/天，不是特别大，但是当时全球石油产量只有1700万桶/天，仅为21世纪第一个10年初期的四分之一。此外，苏伊士运河危机是唯一一个与自身石油开采无关的危机事件，而且由于持续时间较短，没有对产能造成影响。按绝对价值计算，伊朗革命造成的供应损失最为严重，达560万桶/天。2000年之后发生的四次危机事件相对而言影响较小，供应损失量均未超过当时全球产量的3%。

## 产能和闲置产能

石油行业的产能是一个模糊的、很难抓准的度量标准，我们已经在第3章对此主题进行过阐述。国际能源署将产能大胆地定义为三个月内能实现且能维持数月的生产能力（国际能源署，月度报告）。产能是对石油勘探、储量增值和用于开采已发现的石油资源的设施建设投资的结果。生产设施的投资被视为特定的输出。通过该项投资可以确定理论产能。要持续、完全充分地利用产能是不太实际的，因为偶发的意外事故和故障会将生产流程暂时中断。同时，一些设施必须闲置、关闭或开启，以实施维修和维护。此外，产能的维持需要持续的再投资，否则在发生磨损以及油田物理形态改变导致产率下降时，产能将会下滑。基于这两个原因，实际的最大产能比理论的产能水平低

## 油价真相

（另见第3章有关产能的阐述）。

要确定全世界石油行业的理论产能是一项非常艰巨的工作，鉴于数据的瞬间不稳定性，我们对它们的实际值表示怀疑。因此，我们发掘了一条捷径。根据宏观经济学理论，在竞争性市场中运营的盈利公司会将他们的产能挖掘到最高水平。1974年以来的石油价格让全世界的石油生产均有较高的利润可图，石油输出国组织之外的石油行业在合理的竞争条件下运作。在这种背景下，我们认为，石油输出国组织之外的石油产量等同于实际可达到的产能水平。也就是说，产量与产能对等。

对于石油输出国组织，情况似乎不太一样。第一，该集团声称，配额政策导致实际市场与微观经济学中竞争性市场发挥作用的结果产生了偏差。虽然我们已经在之前的章节（第3章）对此表示严重质疑，但是该问题意义重大，有必要进行检验。第二，也是更重要的一点，国际能源署为各个石油输出国组织成员提供了产能数据以及同时期的生产数据，可以对产能利用率进行评估，从而为上述检验提供了便利。我们抽出了15年（2000—2014年）的数据进行观察，主要结果呈现于表6.1中。

据表6.1所示，沙特阿拉伯在我们抽取的整个时期内，闲置产能均居高不下。沙特阿拉伯在所示年度中平均未使用产能达219万桶/天，而其他石油输出国组织成员国总共才207万桶/天。沙特阿拉伯未使用产能平均占其总产能的19.7%，而其他石油输出国组织成员国的未使用产能占总产能的比例不到9.4%。后者的数字有战争及制

### 第6章 资源诅咒和产能衰减

表 6.1 沙特阿拉伯和石油输出国组织其他成员国的总产能及闲置产能

| | | 2000 | 2001 | 2002 | 2003 | 2004 | 2005 | 2006 | 2007 | 2008 | 2009 | 2010 | 2011 | 2012 | 2013 | 2014 |
|---|---|---|---|---|---|---|---|---|---|---|---|---|---|---|---|---|
| 沙特阿拉伯 | 产能（百万桶/天） | 10.80 | 10.50 | 10.50 | 9.70 | 9.50 | 10.25 | 10.60 | 10.80 | 10.84 | 10.85 | 12.00 | 12.04 | 11.88 | 11.90 | 12.40 |
| | 闲置产能（百万桶/天） | 3.00 | 2.60 | 3.31 | 0.40 | 0.95 | 1.05 | 1.15 | 2.20 | 1.74 | 2.90 | 3.84 | 2.59 | 1.88 | 2.65 | 2.65 |
| | 闲置产能占总产能的百分比（%） | 27.78 | 24.76 | 31.52 | 4.12 | 10.00 | 10.24 | 10.85 | 20.37 | 16.05 | 26.73 | 32.00 | 21.51 | 15.82 | 22.27 | 21.37 |
| 石油输出国组织其他成员国 | 产能（百万桶/天） | 21.50 | 21.30 | 21.40 | 20.72 | 21.05 | 20.95 | 21.96 | 23.43 | 24.08 | 21.40 | 23.55 | 22.55 | 23.15 | 23.13 | 21.91 |
| | 闲置产能（百万桶/天） | 2.50 | 1.66 | 3.69 | 2.02 | 1.82 | 1.13 | 1.77 | 1.83 | 1.04 | 3.66 | 2.47 | 1.99 | 1.73 | 2.04 | 1.68 |
| | 闲置产能占总产能的百分比（%） | 11.63 | 7.79 | 17.24 | 9.75 | 8.65 | 5.39 | 8.06 | 7.81 | 4.32 | 17.10 | 10.49 | 8.82 | 7.47 | 8.82 | 7.67 |

注：表中数据为年初一个月的观察结果，通常在三月发布。
资料来源：国际能源署（月度报告）。

## 油价真相

裁（伊拉克和科威特）、怠工（尼日利亚）和罢工（委内瑞拉）导致产量下降的因素，所以将其计入产能闲置的决策有夸大的成分。如果这些情况排除在外，那么因政策导致的闲置产能将降低几个百分点。我们认为，超过90%的产能利用率已经达到了技术峰值，尤其是考虑了因意外事故以及维修、维护造成的短期中断后。这样一来，石油输出国组织实施的任何生产配额的力度都非常小，这一点在第3章中已指出。大体上来看，除沙特阿拉伯之外的石油输出国组织成员国与非石油输出国组织的其他石油生产国的行为相似。由于石油价格高昂、石油生产有利可图，这些国家总是以最大的技术能力进行石油生产。这时，石油产量与产能对等。

## 产能衰减

有两种情形可能造成产量或产能持续下滑。产能下滑首先可以因以下两方面的原因综合所致：（1）对正在开发的油田的限制，增加投资也无法完全抵制；（2）对相应国家资源财富的限制，以防止衰竭的油田被新的油田所替代。这是产能损耗的典型情况，与第5章所述2000年之后北海发生的情况一样。

产量或产能下降的第二个原因是地面上发生的状况，例如：罢工、渎职、对抗式政治及军事冲突等。这些都是资源诅咒的因素，它们限制了现有生产设施的使用，同时阻碍了有盈利前景的新设施的建设。如果缺乏适当的关注和足够的再投资，产能将迅速滑坡，而在资源诅咒引起的混乱阶段，很难维持对产能的关注和再投资。我们已经获得了产量数据，但是产能数据模棱两可且很难获得，因此我们在前文中提出了产量与产量对等的论点，为产能开发的分析提供了方便。

我们评估资源诅咒对产量衰减的影响程度时，采取了如下方式。首先，选取了可能遭受资源诅咒的一些国家，并确定了已发生的事件。然后，对产量进行动态观察，找到了产量变化最大的时间点，记录了随后至今的产量变化，并与资源诅咒事件的时间进行对比。通过评估所选国家的探明储量的规模，对其资源财富进行了粗略的核对。仅考虑储采比较高的国家，并假定资源财富较少的国家的产量下滑均由如第4章所述的资源枯竭所致。对于资源财富充裕的国家，假定不存在地面上的种种问题，且在石油价格高昂、行业有利可图的背景下，产量一直维持不变或适当扩大。通过这种方式，得到了诅咒影响力的粗略量化指标。这是一种不完善且简单的方法，没有考虑可能具有重要意义的很多因素，但是我们认为其所体现的数量级是合理的。

**利比亚**

利比亚出现了由资源诅咒导致的产能明显下滑的情况（利比亚石油年鉴，2011），主要体现在石油产量方面。2014年利比亚石油探明资源为当年产量（遭受严重制约）的266倍。

## 油价真相

Muammar Gaddhafi于1969年上台，一年后石油产量（及产能）达到顶峰，为340万桶/天。随后的20世纪70年代初期，出现了颇有争议的国有化进程。1973年，由于以色列与邻国爆发战争，阿拉伯对美国实行石油禁运，利比亚在其中发挥了积极作用。此外，Gaddhafi采取激进的定价政策，有时在石油输出国组织中起带头作用。由于这些事件的共同效应，1975年，利比亚石油产量大幅下滑至150万桶/天。

20世纪80年代见证了利比亚与西方的对抗性政策，有时还出现暴力行动。1986年德国迪斯科舞厅的爆炸案及随后1988年泛美航空公司的洛克比空难导致美国及联合国对利比亚实施制裁，包括对利比亚石油出口的限制。

1985年，利比亚石油产量进一步下滑至100万桶/天，但是随着国家关系正常化、制裁被移除以及国外投资恢复，利比亚的石油产量在2005年至2010年期间回弹至约170万桶/天。这显然是利比亚在这些年所能达到的最大产量。但是不久后的2011年，利比亚发生内战，石油产量暂时性地暴跌至10万桶/天，而2015年的革命使混乱持续，石油产量远低于2010年的170万桶/天（图6.2）。

据估算，利比亚2014年底的石油储量为480亿桶，按照350万桶/天的产量（与20世纪70年代初期产量峰值持平），可维持约38年；当然，按照随后几十年下降的产量来计，维持的时间还要长得多。因此，石油枯竭很明显不是造成产量下降的因素。

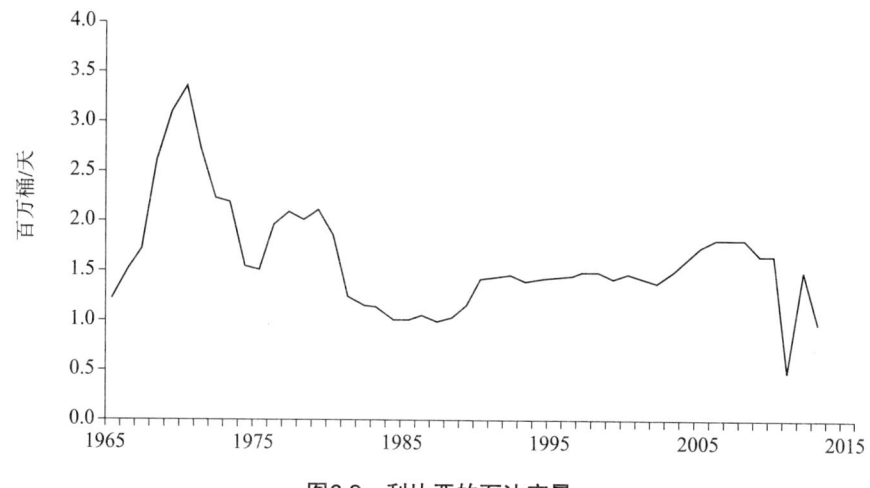

图6.2 利比亚的石油产量
资料来源：BP世界能源统计年鉴

在我们看来，政治冲突、无法获得技术和国际资金以及限制石油出口量的制裁——资源诅咒的具体表现——是造成过去四十年里利比亚石油产能下降至2010年（内战爆发前一年）水平的主要原因。利比亚前领导人Muammar Gaddhafi在位时发生的地面事件证实了独裁统治对石油财富的破坏力，他的死亡也是资源诅咒的最终结果。

## 伊朗和伊拉克

由于伊朗和伊拉克的历史大体上交织在一起，因此我们将这两个国家一起阐述。

伊朗的石油资源极为充裕。2014年，伊朗石油的探明储量为1580亿桶，按当年的产量计，能够维持120年，按20世纪70年代初期的产量最高水平计，可以维持71年。事实上，最高产量出现在1974年，达

**油价真相**

610万桶/天,随后直至1978年,产量小幅下滑至550万桶/天。1978年下半年,全国上下举行罢工和示威,反对Shah(伊朗国王)的独裁统治和挥霍无度的财政政策,让伊朗陷入瘫痪境地。随着罢工和示威的暴烈程度加剧,当年年底,Shah飞往埃及。1979年4月,伊斯兰共和国成立,Ayatollah Khomeini任领导人。但是,国家形势仍然不见起色——石油行业的外来人员纷纷离开,罢工、非正式征收以及其他混乱依旧存在。到1980年末,也就是经济遭到破坏的两年后,后革命时代的动乱以及与伊拉克的战争(1980年10月爆发)将整个国家推向经济崩溃的边缘。这所有的一切造成的主要结果是,伊朗的石油产量在1980年至1981年出现了大幅下跌(1981年降至130万桶/天,见图6.3),引发了第二次全球石油危机,这也是社会经济崩溃的驱动因素。

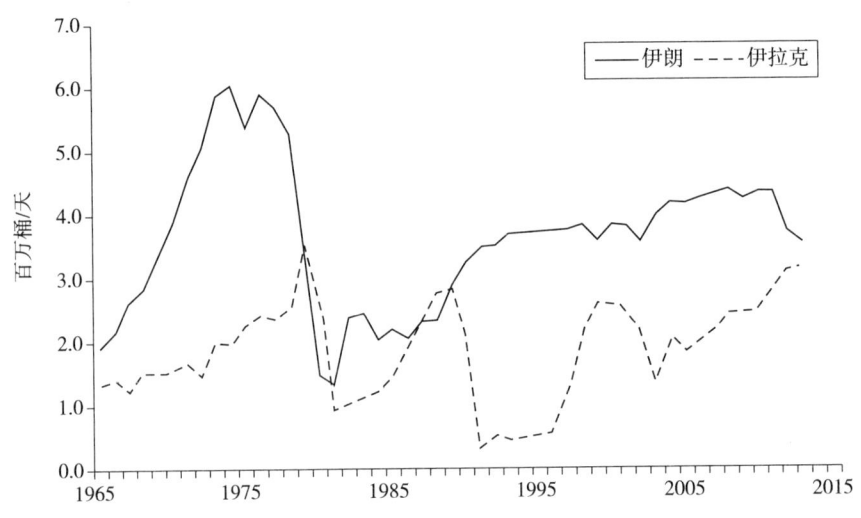

图6.3 伊朗和伊拉克的石油产量
资料来源:BP世界能源统计年鉴

## 第6章 资源诅咒和产能衰减

两伊战争持续到1988年,达八年之久,两国接受了联合国秘书委员会的停火决议,但是战争的后果是灾难性的。据估算,一百万人在战争中丧生,更多的人受伤,数百万人流离失所。不过,随着伊朗执政的办事机构巩固了对社会的控制力,石油产量在1982年上升至240多万桶/天,并在战争结束前维持在一个相对稳定的水平。

重获和平后,伊朗的石油产量持续回升,1995—2010年维持在400万桶/天的水平。石油产量无法恢复至20世纪70年代的峰值水平,究其原因是,1979年占领美国驻德黑兰大使馆事件发生后,伊朗受到一系列制裁,国有企业在管理中基本无法得到外部技术支持,导致效率低下。此外,政府对石油行业的资源压榨过度,没有留出足够的资金将产量恢复至之前的峰值水平,同时限制了产能扩充。

2011年底,由于伊朗不愿按照国际要求停止铀浓缩计划,国际对伊朗的制裁大幅加强。特别是制裁进一步延伸至金融行业,阻碍了伊朗的石油出口。结果,伊朗的石油产量在2011年至2014年期间下降了80万桶/天。

伊拉克石油资源丰富,石油产量于1965年至1979年期间从130万桶/天上升至350万桶/天,令人印象深刻。目前石油的探明储量为1500亿桶,即使按照1979年的峰值产量来计,也能维持约115年。

然而,1980—1987年,由于与伊朗的战争不断,其石油生产受到抑制,石油产量甚至下滑至不到100万桶/天。战争结束后,伊拉克石油产量在短期内恢复至约300万桶/天,但是好景不长,之后的1990年,伊拉克入侵科威特,石油产量再次暴跌。虽然在外国干涉下,这

## 油价真相

次战争很快就结束了，但是由于联合国秘书委员会对伊拉克实施了严格的制裁，包括财政和贸易禁令（近乎全禁），因此伊拉克在1996年前的石油产量均停留在不到100万桶/天。随着"石油换食品计划"的引入，伊拉克重获石油出口的允许，但是出口量受到严格控制，而且出口收入用于特定用途以便预防人类灾难。1999年，出口限制终于被解除，伊拉克的石油产量恢复至200万桶/天以上。

2003年，由于担心伊拉克的"大规模杀伤性武器"，同时为了推翻萨达姆政权，美国在其他几国的协助下入侵伊拉克。这次军事干涉包括两个阶段。第一阶段是当年春季发生的短暂的常规战争。第二阶段持续时间更长，发生了抵制外国侵占的叛乱活动。到2007年，暴力事件逐渐降级，外国军事力量最终于2011年12月撤出伊拉克。2012—2014年，伊拉克的石油产量上升至300多万桶/天，仍然远低于1979年的峰值水平，比当时伊拉克石油资源所能达到的产能也低得多，但是预计在政局恢复稳定后，产量水平还可以提高两倍多（国际能源署，2013b）。

石油的存在对两国空耗国力的持久冲突起到怎样的关键作用呢？说起冲突的原因，当然可以说是1914年奥斯曼帝国瓦解埋下了冲突的种子，也可以说是20世纪50年代和60年代殖民的余波未平，还可以说是两国的宗教差异。虽然相反的情况无法得知，但是我们断言，如果两国没有石油资源，那么战争绝不会如此血腥和持久。

## 委内瑞拉

2014年委内瑞拉的石油探明储量接近3000亿桶，是所有国家中最多的，高于沙特阿拉伯，比经济合作与发展组织（OECD）成员国石油探明储量的总和还要多。按1970年委内瑞拉石油产量的峰值水平来计，上述石油储量可以维持两百多年，按目前的产量水平来计，维持的时间还要长得多。

委内瑞拉受到的"资源诅咒"没有伊朗、伊拉克和利比亚那么严重。在后三个国家经历持久的暴乱和战争时，委内瑞拉政治舞台上的资源报酬纷争已经基本结束。1970年，委内瑞拉的石油产量达到最高值380万桶/天。2014年，其石油产量为270万桶/天，降幅达29%。

委内瑞拉的石油产量在1970—1985年呈现快速稳定的下降趋势（图6.4）。1976年前，产量萎缩现象可以用政治威胁来解释。1971年，委内瑞拉正式通过"烃资源归还法"，要求在1974年前将所有"未开采的特许区"以及1983年前将所"所有剩余资产"转交政府所有。该法案向业内所有私营机构发出一个信号——他们将失去大部分投资资本。得到的反响是，所有投资活动中止，产能大幅收缩。1976年，国有化开始实施，多数股权被国家占据，同时成立了国有石油垄断企业——委内瑞拉国家石油公司（PDVSA）。按照国有化法令，石油行业所有活动的管理均由委内瑞拉国家石油公司接手，同时之前授予私营企业的特许权都被取消（Reynolds和Pippenger，2010）。由于新成立的国有公司缺乏活力和经验，石油产量继续下滑，被没收所有权的国际企业拒绝购买委内瑞拉的石油，更是加剧了产量下滑。此

**油价真相**

外,委内瑞拉国家石油公司成立六年后,被要求将超过70%的利润交给政府(Mommer,2001),造成财政资源稀缺。这可能是石油产量继续下滑的原因之一。需求增加也可能是造成产量萎缩的因素。1974年之后,石油在发电方面的应用开始过时,委内瑞拉占据支配地位的重油市场遭受打击,同时,美国在1970年国内重油产量达到顶峰后,开始将进口转向轻质油。此外,1980—1985年,石油输出国组织对超高石油价格采取保护措施,导致其他地区对该集团(包括委内瑞拉)的石油需求量下降。

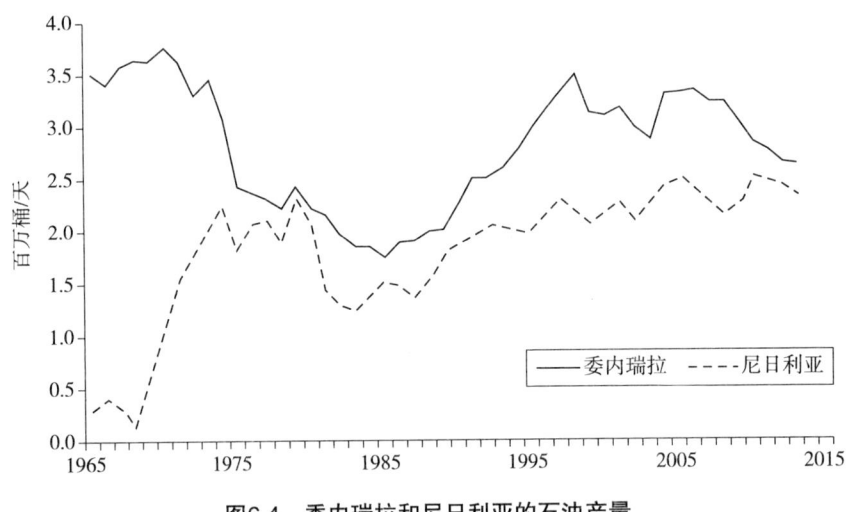

图6.4 委内瑞拉和尼日利亚的石油产量
资料来源:BP世界能源统计年鉴

20世纪80年代前五年,委内瑞拉政策发生强烈转变,在相对宽松的政策下,国家与私营企业在石油方面的冲突被缓解,之前的石油产量下滑趋势被扭转。20世纪90年代的大部分时间,石油产量以每年4%

的速度增长。这次转变依赖于两个基本因素：第一，通过产量分成合同允许私人企业接任管理职责，将私人投资者拉回委内瑞拉的石油行业。第二，20世纪90年代大部分时间，通过允许委内瑞拉国家石油公司占享有石油生产利润的三分之二来鼓励其制订投资计划。

20世纪90年代末期，Hugo Chavez当选委内瑞拉总统后，又出现了一次新的政策转变。在新的政府管理模式下，私人公司在石油生产中的利益再次遭到剥夺，国有份额得以提升，私人合资企业参与者的管理责任被剥夺。此外，新政府还提高了特许使用权费，并引入了暴利税。新政府采取了强硬行动来削弱委内瑞拉国家石油公司的自主性，并强迫其支持政府对外国投资者的进一步压榨，同时还将委内瑞拉国家石油公司的职员描述为腐败无能，从而在2002—2003年引发了为期四个月的罢工（见图6.1），委内瑞拉石油产量降幅达200万桶/天。不出所料，政策的改变以及委内瑞拉国家石油公司大批高级专业人士被解雇导致了石油产量持续下滑：从1998年（Chavez当选总统前的最后一年）的360万桶/天跌至2014年的270万桶/天。

## 尼日利亚、苏丹

前文中的四个国家（伊朗、伊拉克、利比亚和委内瑞拉）是我们关于资源诅咒调查的主要对象，但是资源诅咒现象并非仅限于这几个国家。尼日利亚（2014年储采比为43）和苏丹（包括北苏丹和南苏丹）（2014年储采比为51）的资源财富虽然与上述四国不能相提并论，但是即使在现有产量水平出现大幅增长的情况下，也不会出现资源枯竭问题。

与上述四国不同的是，过去几年里尼日利亚的石油产量（2010年为250万桶/天）创下历史新高（见图6.4）。然而，由于长期遭受叛军的袭击（主要原因是石油偷盗），尼日利亚在很长时间内都经历着产量损失，尤其是海上设施。据Kashubsky（2011）记录，1997—2010年，海上石油设施共遭遇了47起袭击，其中34起是针对尼日利亚的设施，袭击频率几乎为一年三次。据Daley（2008）报告，尼日利亚在2005年12月至2008年7月因破坏活动造成的产量损失约为50万桶/天，2008年初的几个月里上升至90万桶/天。可以说，袭击不但严重危害到尼日利亚的石油产量，而且打消了尼日利亚扩充产能的念头。苏丹是资源报酬之争让产量遭受约束的另一个案例。2007—2010年，苏丹的石油产量稳定在50万桶/天左右。而在2011年，南苏丹从苏丹分离，2012—2014年南北苏丹的政治/军事对立导致两国石油产量的降幅超过20万桶/天。

## 资源诅咒：有意图的定量评估

表6.2给出了上述六国石油产量的实际数据和假设数据。该表对各国最高石油产量进行了比较，指明了最高石油产量对应的年份，并列出了2014年的石油产量。

表 6.2 资源诅咒和石油产量

| 国家 | 最高产量 | | 2014年产量 | | 2014年假定产量 | |
|---|---|---|---|---|---|---|
| | 年份 | 产量（百万桶/天） | 产量（百万桶/天） | 与最高产量相比的下降幅度 | 产量（假设以之前的产量峰值为基础，年增长率为1.5%）（百万桶/天） | 与最高产量相比的增长幅度（%） |
| 伊朗 | 1974 | 6.1 | 3.6 | 2.5 百万桶/天，41% | 11.1 | 81 |
| 伊拉克 | 1979 | 3.5 | 3.3 | 0.2 百万桶/天，6% | 5.9 | 68 |
| 利比亚 | 1970 | 3.4 | 0.5 | 2.9 百万桶/天，85% | 6.5 | 93 |
| 尼日利亚 | 2010 | 2.5 | 2.4 | 0.1 百万桶/天，4% | 2.7 | 6 |
| 苏丹 | 2007 | 0.5 | 0.3 | 0.2 百万桶/天，40% | 0.6 | 11 |
| 委内瑞拉 | 1970 | 3.8 | 2.7 | 1.1 百万桶/天，29% | 7.3 | 93 |
| 总计 | | 19.8 | 12.8 | 7.0 百万桶/天，35% | 34.0 | 72 |

资料来源：BP世界能源统计年鉴，国家能源署（月度报告）。

从表格最后一行可以看到，目前的石油总产量比最高产量水平时下降了700万桶/天（或35%）。前文所述的有关石油的冲突通常带有政治、宗教或军事色彩，属于广义的"资源诅咒"的表现形式，我们认为将这些冲突归结为石油产量下降的主因是合理的。产量的损失数额巨大，几乎相当于当前全球石油产量的8%，相当于欧盟国家总体石油消耗量的56%。而且，我们仅仅考虑了资源诅咒的最耀眼、最明显的案例。毫无疑问，除了我们讨论的上述六国外，资源诅咒还对许多其他国家的石油产量造成困扰。

说上述700万桶/天的产量下滑是被低估的资源诅咒的影响，还有另外一个原因。我们再重复一遍，表6.2中所列的六个国家都具有丰富的石油资源，所以要进行大规模的产量扩充是不会受到资源量的限制的。因此，在没有敌对和冲突（资源诅咒的基本表现）的情况下，产

**油价真相**

量应该可以从峰值点继续扩大。表6.2给出了假定的当前产量——按1.5%的年速率从之前的峰值产量增长至现在的产量。那么在假定条件下,上述六国的当前产量应为3400万桶/天,而不是实际的1280万桶/天,差异超过2100万桶/天。这种假定的产量增长有可能实现吗?我们认为是可以的。六个国家的假定产量增长均未超过100%。相比之下,巴西、哥伦比亚、加拿大、墨西哥和沙特阿拉伯1970—2014年的产量增长幅度分别达到1305%、338%、191%、472%和199%。

如果石油产量在近几年实际产量的基础上增加2100万桶/天,那么将从根本上改变石油价格的演变情况。我们断定,资源诅咒是自20世纪70年代以来石油价格异常变动的主要原因!

## 第一部分收获及研究结果总结

在结束本书的第一部分之前,我们有必要来回顾一下之前章节中的主要发现。该部分的目的是解释20世纪70年代初期以来石油价格的异常表现。通过调查发现,石油输出国组织的市场干预不能对石油的价格演变做出解释。资源枯竭也不能对此做出解释,特别是在与金属和矿物(与石油一样是可耗尽资源)平稳的价格变动做对比的情况下。

我们发现,20世纪70年代的国有化浪潮及随后的国有制现象严重降低了资源生产效率、提高了资源价格并阻碍了产能的扩充,石油行业以及金属和矿物行业均是如此。不过，金属和矿物行业在20世纪90年代经历了大规模的私有化浪潮，从而消除了效率低下现象，而石油行业则继续实行国有制。国有企业的缺点可以对石油价格上涨以及石油与金属和矿物的价格表现差异提供部分解释。

此外，在过度的财政压榨下，高利润的石油生产商的盈余被剥夺，剩下的资金甚至不够维持现有产能，阻碍了产能扩充，从而助推了石油价格上涨。国有公司经常被其所有者——政府视为"储钱罐"，主要功能是为公共预算提供资金。金属和矿物行业的利润水平较低，不像石油行业那样吸引税收机关的注意力，因此上述因素在金属和矿物行业的作用也更小。

我们的研究表明，资源报酬的纷争（我们将其看作资源诅咒的表现）使得新产能扩充无法实现，甚至经常导致现有产能大幅削减，资源报酬的纷争是石油市场价格变动异常的主要原因。正如有关政府贪欲的案例一样，资源诅咒在石油行业（资源报酬更高，更有争取价值）比金属和矿物行业（利润较低、报酬水平较低）更为严重。

本书的第二部分，我们将重点阐述页岩油革命和常规石油革命，并主张随着这两项革命在全世界蔓延，石油价格和石油报酬均将经历大幅下降。那么这两项革命会减少资源诅咒的盛行及其对价格上涨的助推作用吗？这一问题将在本书最后一部分进行解答。

PART 2
第二部分

# 页岩油革命和常规石油革命:
# 降低石油价格

# 第7章

# 页岩油革命：美国迄今为止的成就和对全球能源市场的影响

第二部分的前四章主要着重于页岩油革命在美国的发展，这是合乎情理的，因为到目前为止页岩油革命还几乎纯粹是美国现象。这个观点已经在近期的许多书中提到（如Zuckerman, 2013; Gold, 2014）。正如第11章和第12章所述，这场革命会在全球展开，只有到那时才会引发深入的全球改变，关于这些改变的影响的讨论见第三部分。

本章旨在回顾到目前为止美国在页岩油方面的成就，将过去下滑的产量与近期随着革命步伐的加快而形成的产量提高进行对比。同时，还记录了在页岩油资源变得经济以后，美国可开采资源的变化。最后，探讨了页岩油革命对美国经济的影响，以及到目前为止对美国和全球能源市场的影响。

## 革命的开始

页岩油革命于不到十年前在美国开始：首先是非常规天然气产量的快速增加，然后是几年以后，非常规石油跟随了天然气的步伐。页岩油革命的发展仍处于婴儿期，但知识渊博的观察家指出，美国和其他地区在未来几十年将有巨大的改变。

这场革命是技术进步的结果，这些进步使大量休眠的石油资源在经济上变得可开采。本章的核心概念——石油资源通常缺乏严格的定义，并经常重叠。石油资源发现于页岩层、砂岩层和碳酸盐岩层中，一般被称为致密油。这些资源的共性是具有低渗透性，通过通常应用于常规石油层的垂直钻井可产生商业价值不足的油流。简言之，我们采用近期普及的惯例，将所有这些资源称为页岩油。

目前，所有页岩油资源均称为"非常规资源"。但是，必须强调的是，非常规资源由许多资源类别组成（根据地质、技术和商业因素分类），而不仅仅是我们定义的页岩。我们尽力保守地使用这个非常规概念，因为我们发现随着时间的推移，此概念具有较强的主观性和

## 油价真相

不稳定性。

随着钻水平井和水力压裂技术的应用，页岩油变得具有广泛的经济性。水力压裂法近来不太受欢迎（第10章所述）。与传统的垂直钻井法相比，水平钻进和水力压裂法可在更宽广的区域释放油气。水力压裂法涉及在高压下将大量的水、砂以及一些化学添加剂泵送到井内，以破裂低渗透率的岩层，使石油顺着井向上流动。页岩油开采的保本价格很大程度上取决于页岩的数量。地质和工程特点，如地质储量、深度、渗透率、多孔性、有机质丰度、饱和度和储层压力，是影响页岩油气区带经济性的主要决定因素（Orangi等，2011）。

第一口有记录的水平井于1929年在得克萨斯州里根县钻探。另一口水平井于1944年在宾夕法尼亚州韦南戈县钻探（美国能源信息署，1993）。水力压裂法是在20世纪40年代研发于美国，并从那时开始，这一技术已应用到两百多万口井中（Glover，2011）。但是，这些方法的应用还相对有限，直到世纪交替之际，这些方法才得以结合使用和改进。改进后的方法，尤其是在过去15年中表现出来的新颖和显著之处在于通过多级的水力压裂钻水平井的创新（水平井分级进行水力压裂，不同的级用栓塞彼此密封，从而在拆除所有栓塞、开始开采之前孤立地水力压裂每一级）。最近，不同级间的距离从200米减少至100米，甚至少于50米——每一级越短，形成的断裂越多——同时，每口井发展到了60多级。水力压裂与分支钻井（即从相同的初始垂直井分支出几个水平钻井孔）和使用微震数据监测断裂增加相结合，引发了页岩油革命，开采大幅度增加，但到目前为止仅限于美国。

## 第7章 页岩油革命：美国迄今为止的成就和对全球能源市场的影响

与传统的油气开采（如常规石油）相比，目前页岩油开采的特点是前几个月油井产量较高，之后产量锐减。第一年结束时，产量通常下降50%~70%，以后几年会进一步小幅下降。最终，产量会呈平稳状态，并可持续开采几十年——尽管有时产量可通过再次水力压裂油井而大幅增加。一般而言，开始的下降表示需要连续钻探许多新油井，以将产量维持在稳定水平，并加速产量对价格变化的反应。这同时也意味着每口井的投资回报期较短。

## 美国页岩油开采增速

图7.1显示了到目前为止，页岩油革命对美国石油产量的惊人影响。这种影响在2008年开始变得明显，比页岩气革命晚了三年。2008—2014年的6年间，美国原油总产量可观地增长了73%，从约500万桶/天增加到860万桶/天。将此增长与较长的原油产量历史记录做个比较会有所帮助：在过去40年中，原油产量几乎持续在下降（为石油峰值论提供了不错的证据）。原油产量从1970年峰值时的960万桶/天下滑了48%，降至转折年2008年的500万桶/天。由图7.1可知，2014年末油价下降后美国能源信息署预测2016年的产量为近960万桶/天（2015a，4月），这与1970年峰值时的产量水平相同！到了2015年，每月数据显示，3月的平均产量超过了960万桶/天（美国能源信息署，年度报告，a）。

## 油价真相

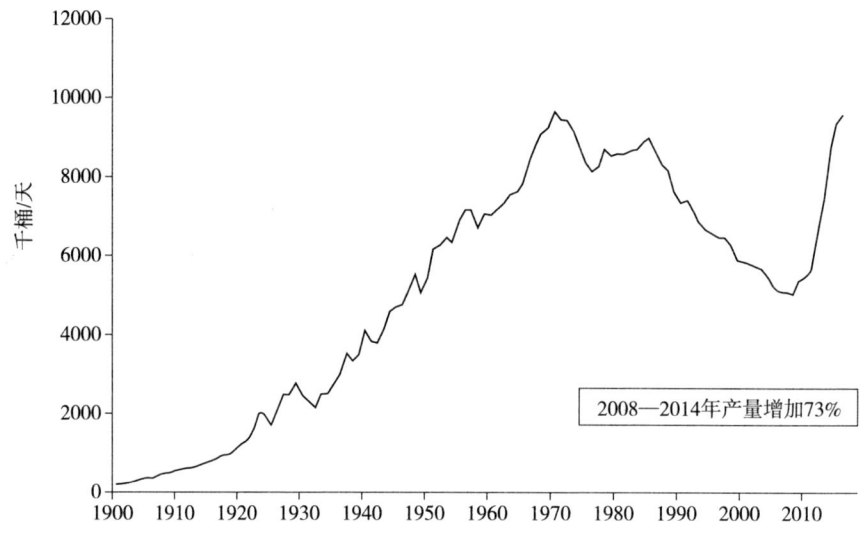

图7.1 1900—2016年美国原油产量
注：2015—2016年的数据来自《年度能源展望》(2015a)的预测
资料来源：美国能源信息署（年度报告，a）

单就页岩油而言，美国的产量从2010年的90万桶/天激增到2012年的230万桶/天（预计值），然后2014年再大幅增至近420万桶/天，所以，美国产油量的增长几乎都归功于页岩开采。

北达科他州的巴肯页岩是大获成功的一个案例。此油气区带已开采石油数十年，但直到2008年巴肯油田才开始迅速变为产油大油田。钻水平井将更长的连续页岩层暴露给了钻井孔。当与水力压裂法相结合时，多年前已为人所知但由于缺乏技术而不能触及的页岩油资源突然被解锁。2008年，巴肯油田的平均产量约为15万桶/天。两年以后，产量翻倍。再过了两年，产量再次翻番，达到60万桶/天。再一次翻倍又花了两年时间，即2014年，巴肯油田的产量超过了120万桶/天（美

## 第7章 页岩油革命：美国迄今为止的成就和对全球能源市场的影响

国能源信息署，2015b）。可以想象，即使美国受到2008年大衰退的有害影响，北达科他州这些年也获得了非常好的经济效益。

页岩油革命的另一出色之处是得克萨斯州南部的伊格福特盆地，目前这里是美国页岩油产油量最高的盆地，约为170万桶/天（美国能源信息署，2015b）。与三年前的产油量相比，该数量增加了十倍之多。由于伊格福特含有大量的石油、天然气和天然气凝液（NGL），在天然气开采区还开采了大量的凝液。伊格福特得益于其理想的位置——靠近墨西哥湾岸区的炼油厂和港口。此外，此区域还有非常发达的管道基础设施，以及大型且经验丰富的服务业。宜人的天气也意味着像北方的巴肯油田一样，即使在冬季也不用放慢开采（标准普尔，2014）。

成熟的二叠纪盆地位于得克萨斯州西部，从20世纪初已经开始开采，是页岩油革命的第三个主要参与者。由于页岩油产量的增加，常规石油产量几十年的下滑得到了逆转，使该盆地成为卷土重来的热点。二叠纪盆地2010年产油90万桶/天，其中大部分是常规石油。到2014年末，此数字翻了一倍，达到惊人的180万桶/天，而大部分的增长来自页岩油。2015年初，产量超过了200万桶/天（美国能源信息署，2015b）。由于从同一地面位置钻水平井到达每个叠层，多个叠层的页岩变得可以开采了。尽管二叠纪盆地内的大部分油井仍是传统的垂直井，但是水平井正在迅速增加。开采公司还在继续调整和完善开采方法，观察家预测二叠纪盆地的复兴才刚刚开始。2008—2012年，此盆地的投资翻了三倍，从60亿美元上升至180亿美元（华尔街

**油价真相**

日报，2013b）。

巴肯、伊格福特和二叠纪的页岩油大约占美国页岩油总产量的三分之二。其他一些开采的油气区带包括得克萨斯州和俄克拉何马州的花岗质砂岩盆地、俄克拉何马州和堪萨斯州的密西西比盆地以及科罗拉多州和怀俄明州的Niobrara盆地。尽管与较大的油气区带项目相比，目前这些盆地产量较小，但预计未来均会增加产量。一些页岩气区带，如宾夕法尼亚州的马塞勒斯，也有大量的液体产量。

在过去十年中，技术进步使得一些页岩油资源具有商业利益，因而大大提高了人们对识别此类资源和评估其经济潜力的兴趣。在页岩油革命之前，关于页岩资源的知识非常模糊。在过去十年中，虽然仍存在大量的不确定性，但是这些知识的发展突飞猛进转变了人们对美国石油资源地位的看法。例如，尽管美国地质勘探局（2013）公布了北达科他州多产的巴肯油田/斯里福克斯（Three Forks）油田的页岩油评估（预计约为75亿桶），但没有对著名的得克萨斯州二叠纪盆地的评估。不过，2013年预计，在技术上可开采的美国页岩油资源为580亿桶（美国能源信息署，2013a）。随着进一步勘探的进行，这一数字还会有大幅的变化。但是在两年前，美国能源信息署（2011a）公布的研究显示，石油资源量仅为240亿桶（比2013年预测的一半还低）。

目前在开采的页岩油油气区带，其成本通常低于加拿大油砂或巴西超深海原油的成本，它们的平均总开采成本预计约为70美元/桶。应附带指出的是，页岩油的开采成本比"油页岩"还低。全球富含固态

## 第7章 页岩油革命：美国迄今为止的成就和对全球能源市场的影响

干酪根油的硬岩（生产石油时），预计在60～100美元就有经济价值（国际能源署，2013a）。几个石油巨头在过去几十年中曾有野心勃勃的油页岩开采计划。例如，埃克森1980年在科罗拉多州曾有很多活动，只是在花费了10亿美元之后于1982年取消了，但是油价仍然较高（Yergin，1991）。现在相关的开采技术（将岩石加热以分离石油）已得到了改善，预计美国和其他几个国家在未来几年会有工业性开采。尽管2014年末开始的油价下跌可能使开发推迟，但是埃克森自己已在科罗拉多州开始了油页岩研发项目，这可能在未来带来大量的投资（Oilprice.com，2014）。《经济学家》（2014a）中的一篇文章将油页岩视为可能的"游戏改变者"，正如文章标题《燃烧的岩石：第二次页岩革命正在到来，榨取更多石油》所暗示的那样。

回到页岩油，当油价在50美元/桶左右时，北美地区开采页岩油具有明显的经济性，而巴肯和伊格福特的页岩品质更高，某些情况下40美元甚至30美元时即具有明显的经济性。页岩气层的天然气凝液（NGL）正日益成为重要的凝液供应来源，开采也更为便宜：按等值石油换算，价格从每桶10美元到40美元不等（国际能源署，2012a）。尽管页岩的可获性和降成本技术的突破对产量的快速增长很重要，但2000年代中期国际油价的强劲上扬也使得页岩油开发的必要性更为突出。有趣的是，能从页岩油革命中创造最多价值的是那些灵活、专业、有进取心的小型公司。但是，2015年的低油价对部分财务负债更多的公司有不利的影响。官僚化的石油巨头开始时难以在页岩油中获得规模经济，而这是他们通常的大型投机项目的特点。现

**油价真相**

在,一些较大的公司追赶了上来,这在一定程度上得益于他们对小型成套装备的收购。例如,埃克森、雪佛龙和康菲在几个主要油气区带很活跃,并正将他们的运营扩展到一些崭露头角的油气区带。

## 对美国经济的综合效益

知名咨询公司IHS2012年的研究,确定了页岩油和页岩气革命产生的经济效益(IHS,2012)。在该研究提供的总效益值中,约有一半归功于页岩油。评估全部页岩活动的影响时,一个重要的考量因素是在美国经济体、劳动力市场以及有形固定资本中存在几年的大量闲置产能。如加以利用,这些过剩产能可视为自由资源。

IHS预测2012年对页岩油和页岩气的总投资为870亿美元,相当于美国国内生产总值(当年评估为15.7万亿美元)的0.6%。这些投资以及页岩油开采运营共计产生了36万个直接就业机会。将间接和联动就业效应纳入考虑时,此数字将增加至175万,相当于美国全部1.35亿个就业机会中的1.3%。考虑到此项活动资本密集度的增加,劳动收入评估为1250亿美元,且增加值要高得多,达2400亿美元。按照增加值法,页岩油行业对国内生产总值的贡献约为1.5%,这是一个非常惊人的数字。考虑到美国在科技和其他输入方面相对而言可以自给自足,因此留给其他国家的经济收益会比较有限,大部分的效益仍将留在美国。

### 第7章 页岩油革命：美国迄今为止的成就和对全球能源市场的影响

雇员所得税、企业利润税和权益金付款形式的页岩油开采活动的总财政收入为620亿美元。为了了解此财政收入的重要性，我们在此指出，美国联邦政府310亿美元的份额将足以为美国内政部、商务部和美国国家航空航天局合计预算的80%提供资金。

尽管这些是2012年页岩油开采活动的效益，但IHS认为这些效益将会是持久的，并逐年增长，因为页岩油开采活动在继续增长和发展。到2035年，固定币值投资将增加至3500亿美元，财政收入将增加到1250亿美元，而此行业的总体就业机会将上升到350万个。到2014年，投资可能增加25%；就业和财政收入分别比2012年的水平增加近10%（假设2012年已确定数据与IHS所预测的2035年的数据之间呈线性关系）。

## 对美国和全球能源市场的影响

美国页岩油革命对石油市场和消费者的影响直到最近才体现出来。石油市场是名副其实的全球性市场，因此在美国发生的变化（例如油价变化）的影响被冲淡了。与石油贸易相关的主要变化是美国进口需求的急剧下滑。如果忽略石油产品并将重点放在未精炼的石油上，可以发现，2008年美国的消费量超过国内产量近1300万桶/天（BP世界能源统计年鉴），超出的量不得不从国外采购，大部分来自加拿大、沙特阿拉伯、委内瑞拉和墨西哥。到2014年，此差距缩小至

## 油价真相

750万桶/天,而这主要是美国国内页岩油产量增加的结果。

原油的实际质量很大程度上决定了页岩油革命对特定国家石油出口的影响。美国的炼油厂大部分适合中质油和重质油,而轻质油供应(如来自美国页岩油层和一些非洲国家的油)则不适合炼油厂的需求,因此,需求与供应之间的不平衡加重了。恢复平衡的一个方法是,增加重质油的进口,减少轻质油的进口。近几年也正好是如此。例如,美国对加拿大重油的依赖持续稳步增加,而进口减少主要来自尼日利亚、阿尔及利亚、安哥拉和英国等国,这些国家生产与美国页岩油层所产石油类似的轻质油。2008—2014年,尼日利亚和阿尔及利亚对美国的石油出口大幅减少,分别下滑了94%和98%。安哥拉对美国的石油出口减少了73%,而英国减少了87%。这些国家正在为他们的石油积极寻求新买家,而发展中的亚洲地区成为最受欢迎的地区——这也是2015年观察到的全球油价降低的部分原因。同一时期对美国石油出口量减少的其他主要出口国包括墨西哥、委内瑞拉、俄罗斯和伊拉克,但是这些国家对美国石油出口量的减少并非因为石油品质。正如经常报道的那样,俄罗斯和伊拉克是由于地缘政治动乱使供应中断。总体而言,美国从拉丁美洲(如哥伦比亚、厄瓜多尔和秘鲁)进口的中质油和重质油量持续保持稳定,而中东地区对美国的出口量已趋于合理:如科威特对美国的出口量有所增加,但主要的出口国沙特阿拉伯出现了23%的下滑。

尽管页岩油革命带来了产量增加,但是美国还远不能自给自足,而且怀疑论者认为,即使页岩油持续扩产也不会在可以预见的未来让美国实现自给自足。这些怀疑产生的原因是，他们认为页岩油是一个短期现象，其产量将有可能在21世纪第二个十年的末期达到顶峰，随后美国石油产量将回到其历史的下滑轨迹，而从国外进口的石油量将再次增长。在此处我们对美国页岩油的长期潜力不再过多评述，但在第8章对争论的主题进行了讨论。

随着过去几年美国进口需求下滑，产生了一个有趣结果：由于国际贸易中石油运输的平均距离增加，推动了油轮贸易。随着美国进口的下滑，委内瑞拉、尼日利亚和安哥拉石油到美国东海岸的短途运输变成了前往亚洲目的地的长距离运输（金融时报，2013）。尤其是中国和印度正在大力扩张其炼油产能，增加了来自几乎所有产油地区的进口，在未来的几十年中，这种情况预计还会持续。2015年，由于各国租赁轮船用于石油储存，全球油轮业务也获得了急速发展。这是对以美国为首的世界石油供应量猛增及其所导致的传统陆岸储存设施容量不足的回应。

尽管美国页岩油革命对国际能源市场的影响在开始时没有页岩气革命那样明显——美国液化天然气（LNG）进口的下滑迅速对欧洲和亚洲的价格产生了负面影响，因为原计划输送到美国的液化天然气转到了其他目的地——石油的情况已经发生了改变（例如，2014年末油价出现了下滑），并且有进一步变化的可能。

20世纪70年代第一次石油供应中断后，对美国大部分石油出口的禁令，作为1975年《能源政策和保护法案》（EPCA）的一部分，被制定成了法律。也有例外情况，例如对加拿大的石油出口没有受到限

## 油价真相

制,但前提条件是出口的石油须在加拿大使用。《能源政策和保护法案》还采取措施来增加石油库存、提高能源效率和增加国内产量,目的均是减少对其他地区的石油依赖、加强能源安全和获得所谓的能源独立。

如前所述,由于页岩油产量的快速增加,美国的炼油厂无法处理过量的高品质轻质油供应量,从而导致供应的油大量储存在仓储点和炼油中心,包括库欣、俄克拉何马州和墨西哥湾岸区,并对美国的部分轻质油价格(如得克萨斯州西部中间基准价格)造成了下行压力(与布伦特等其他国际基准价格相比)。尽管下游行业因价格下降收益很大,但上游行业一直在努力取消禁令,以便他们能从国外消费者手中获得更高的价格。原油禁令的支持者指出,取消禁令将导致国内能源价格上涨,尤其是汽油价格的上涨,这对美国汽车司机来说是一个敏感问题。此外,消费者认为100美元/桶上下的油价(大致代表了2011—2014年的平均价格)已经过高。

此处所讨论的取消美国石油出口禁令的影响以发布于2014年的两份研究为依据。第一份研究(IHS,2014a)评估了取消禁令对美国国内石油产量和宏观经济的影响。该研究发现,取消禁令对这二者均大有益处。在其参考案例中,与禁令未取消的情况相比,美国石油产量将在2022年再增加120万桶/天,从而每年减少将近700亿美元的石油进口账单。

由美国石油学会进行的第二份研究(美国石油学会,2014a)将时间范围定在2020年。该研究发现,由于增加的国内产量和更大的消

## 第7章 页岩油革命：美国迄今为止的成就和对全球能源市场的影响

费者开支，美国经济将增加30万个就业机会，国内生产总值可增长近400亿美元。就财政效益而言，美国政府收入（来自联邦、州和地方税收）可达到近140亿美元。没有了出口限制，炼油厂的产量预计也会小幅增加。

此外，这两份研究还评估了取消禁令对美国国内价格的影响。如果不允许美国石油出口，并假设页岩油产量会持续增加，则国内价格将在研究预测期结束时下降（与2011—2014年的价格水平相比）。据研究称，这将使成本更高的页岩油层对新投资的吸引力降低——与天然气价格下降造成的近期页岩气情况类似。另外，允许美国石油出口将使额外的供应量投入全球市场，从而对国际油价造成下行压力。尽管担心美国汽车司机的燃料价格会增加，但IHS提出，取消禁令将使汽油价格下降，并在2030年以前为司机们节约2650亿美元的资金。美国石油学会的研究也发现，允许美国石油出口，汽油价格将会下降。这两份研究是如何得到这个违反常理的结论的呢？关键在于，出口禁令是针对原油，而非石油产品。鉴于美国目前允许出口和进口石油产品（如汽油），这些产品在美国的价格是根据全球产品市场来确定的。因此，如果允许美国原油出口，并导致国际油价下降，全球（包括美国）的石油衍生产品价格也将下降。我们基本赞同这些结论。

石油圈内人认为，出口禁令有可能在未来几年取消，尽管政治因素增加了这一决策的不确定性。2014年，一些公司已获得出口凝析油的许可，就出口数量而言是无关紧要的成就，但却是可能导致更加迅速地取消禁令的一个重要起点。美国政府也表明了愿意允许出口的态

**油价真相**

度。但是，尽管有努力的游说，而且少数凝析油生产商也被赋予了出口的权力，但是美国商务部仍很坚决，声明"对原油出口的政策没有变化"（华尔街日报，2014a），原因是还需要对经济和环境影响进行额外的评议。

## 归纳总结

本章中涉及的不同主题摘要如下：

正如在公开讨论中经常报道的一样，页岩油革命是技术进步（水平钻进和水力压裂法的改进和结合）的结果，这些技术使大量休眠的石油资源变得具有经济吸引力。2008—2014年，美国的合计产油量急剧增长了73%，从约500万桶/天增加到860万桶/天。尽管油价在2014年末开始下滑，美国能源信息署2015年4月发布的一份报告预测，2016年的产量将为960万桶/天（美国能源信息署，2015a），与1970年的历史峰值产量水平相同。每月数据（美国能源信息署，年度报告，a）显示，实际产量在2015年3月超过了960万桶/天。

总体而言，不管成本根据地质和其他情况怎样浮动，当油价为50美元/桶上下时，美国的页岩油就具有商业可行性，对于这一"幼稚产业"而言，产能增长和成本下降是正常现象。有胆量的小型公司凭借他们快速适应的能力，在页岩油革命中已处于领先地位。但是，当油价较低时，在产量较低的油区高举债经营的公司则面临风险。

### 第7章 页岩油革命：美国迄今为止的成就和对全球能源市场的影响

美国已经经历了国内生产总值、就业和政府收入的大量增加，随着页岩油革命的持续发展，这些益处预计还会增加。不过页岩油革命对全球市场的影响一直以来都是有限的，直到近期才开始变大，其带来的主要变化还是美国石油进口需求的锐减。2008年，美国的石油消费超出国内产量接近1300万桶/天，到2014年，此差异缩小到了750万桶/天，这主要是由于国内页岩油产量的增加造成的。

研究发现，最终取消美国石油出口的禁令将对美国的石油产量和宏观经济大有益处，且不会提高美国国内的石油价格。

# 第8章

# 美国页岩油的寿命：我们是否只看到了开端

　　本章是关于美国页岩油革命的未来的讨论。这场革命会就此打住吗？会在21世纪第二个十年结束时告吹吗？舆论认为美国的页岩油革命看上去不是一个长期现象，对此我们并不认同。因此，我们介绍了其他组织的看法，并尝试理解他们的论点。之后是我们对未来页岩油技术前景的概述，以及我们对这场革命持久性的看法，包括美国能源信息署和国际能源署对供应前景的简要评论。同时，本章还涉及了我们对出现于2014年末2015年初的价格下跌、低价的持久性及其对美国（和国际）页岩油供应的影响的观点。最后，我们还对油气区带进行了探索——油气区带看起来不太起眼，但可能增强这场革命的持久力。

## 美国页岩油的前景

根据在上一章中确认的未来经济利益判断,在未来几十年,美国页岩油活动预计会有大规模的发展。美国能源信息署与国际能源署最近的预测多多少少证实了这一看法,他们预测美国的石油产量会持续增加——尽管增长率会远远低于过去的一段时间。由于国际能源署在其报告的美国"石油"产量预测中考虑了天然气凝液,因此以下国际能源署与美国能源信息署之间的石油产量对比将天然气凝液考虑在内。

国际能源署(2014a)预测2035年美国石油产量1100多万桶/天。美国能源信息署(2015a)则更加乐观,预测2035年美国石油产量为1350万桶/天,并在2040年以前保持在这一水平。这两个机构认为,大部分即将到来的扩产来自页岩油。两个机构均认为这场革命会继续下去,至少持续到2020年。到时,美国将成为世界上最大的石油生产国,国际能源署预测的产量约为1200万桶/天,美国能源信息署预测的产量为1460万桶/天。但非常显著的是,页岩油革命将从那时开始

**油价真相**

疲软，产量将出现长期的下降——页岩油产量在2020年达到顶峰，约为560万桶/天，然后逐步下降至2040年的430万桶/天（美国能源信息署，2015a）。由于长期依赖进口，美国从未在石油上自给自足。

美国能源信息署的石油产量增长预测概括为表8.1。通过该表可对实际值与预测值进行清晰的对比。平均年增长率从2008—2014年间的9.2%下降至2014—2020年间的4.0%。之后，则出现了持续的负增长。

表8.1 美国石油（和天然气凝液）平均年产量增长

| 2008—2014年 | 2014—2020年 | 2020—2030年 | 2030—2035年 |
|---|---|---|---|
| 9.2% | 4.0% | −0.3% | −1.0% |

注：2008—2014年为实际值，其余为美国能源信息署预测值。
资料来源：美国能源信息署（2015a）。

## 美国页岩油的挑战

不单单只有美国能源信息署和国际能源署对页岩油长期供应持保守的观点。事实上，有几个研究机构预测页岩油产量将在2020年前后达到峰值，然后逐步下滑。对2020年以后页岩油过于悲观的预测有一些看似合乎逻辑的论点。尽管与其他地区相比，美国的实际情况为页岩油生产商提供了很大的优势，但持续扩产必定存在着严峻的挑战。谨慎的观察家指出了两个主要的障碍。首先是地下资源可获性的问题。大家知道，页岩有所谓的最佳开采点，即最易接近和多产的区域。在最佳开采点以外，资源的开采变得更加困难和昂贵。如前所述，资源估算的规模具有很大的不确定性。就像关于常规石油和其他商品的耗尽争论一样，页岩油的长期可获性可以看作是资源耗尽导致成本增加与技术进步造成成本降低之间的一场竞赛。怀疑论者提出，随着石油资源枯竭以及页岩油产量锐减，开采将需要越来越高的钻探水平。这将抬高总成本，使开采愈加不经济。

第二个挑战与地面上的问题有关。由于在页岩油开采中采用的方法引起了广泛的环境关注，美国的石油生产商被迫遵守日趋严格的监管要求。这一问题至关重要，因为没有公众的认可，页岩油开发会变得更加困难。通过实施和执行严格的规则，政府迫使石油生产商以更加安全的方式作业，从而获得公众的信任。但是，实施新的管理制度所需的成本可能会超过页岩油的扩产。更详细的环境和监管问题见第10章。

## 技术过时了吗

在过去十年中，技术在与资源枯竭及其他导致成本增加的因素的竞赛中明显胜出。页岩油供应量持续增加，甚至超出了最乐观的预测，同时，开采成本由于开采方法的改善而呈下降趋势。页岩油层有效技术的发展可以用由麦肯锡公司绘制的Foster S形技术曲线（1986）进行解释。图8.1原本在Aguilera等人进行的研究（2014）中用于对非

## 油价真相

常规天然气进行表述,在此处我们用其来解释美国页岩油。如S曲线左边部分所示,虽然初始研究资金非常少,但是为技术进步埋下了种子;技术进步虽然缓慢,但总是令人鼓舞。在此阶段Foster指出,"年轻的进击者"为实质的技术创新提供了可能。在小型专业化创新公司引领革命的页岩油行业同样如此。随着研究投资力度的加大,行业进入爆发期(S曲线的急升部分),就像Foster所描述的——"一片混乱"。在我们看来,这是最能描述当前美国页岩油活动的阶段。曲线顶部的平直段代表了页岩技术的成熟,目前尚未达到。随着钻水平井及水力压裂法的技术进步,页岩油行业还有相当大的上升潜力。

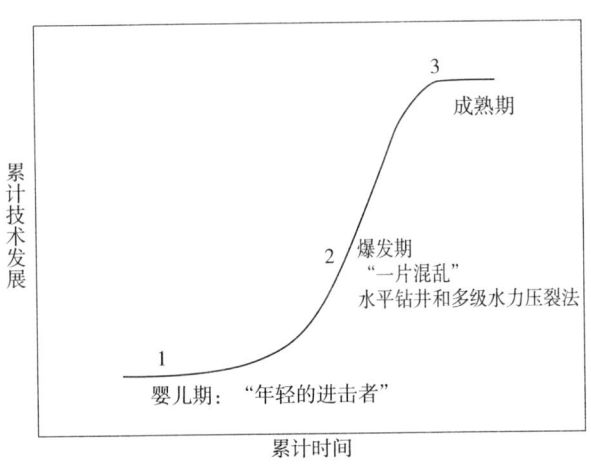

图8.1 美国页岩油相关技术进步的婴儿期、爆发期和成熟期Foster S曲线
资料来源:Aguilera 等(2014)

在钻探方面,页岩油行业的作业效率将持续提高,例如,钻井和完井所需天数将大幅下降——某些情况下可能少于一周。井台批量钻

## 第8章 美国页岩油的寿命：我们是否只看到了开端

井已较为普遍，此钻井法是从专为钻井搭设的单一地面位置（即井台）钻探多口井（20口或者更多）。分支钻井同样如此，每口初始直井在地下分支为深度和方向不同的其他水平井。地面上井之间的间距通常有所减小，这也是为实现油层最优排水的一个考量因素。大陆资源公司（Continental Resources）是美国巴肯页岩地层的主要参与者，也是缩小井距的领先创新者。EOG资源公司在伊格福特区（Eagle Ford）采取了同样的做法，结果该公司2014年的储量增加了45%（金融时报，2014a）。分支水平井（井的延长水平段）长度明显更长，可达几千米，目前已经较为普遍。

水力压裂法也有显著的创新，包括级数（即水平井沿其长度压裂的段数）的进一步增加，在一些较长的井中，很快将有可能超过100级。在井距方面，采用了水力压裂段的最优间距，最大程度地提高了原油采收率和经济效益。与井台批量钻井一同使用的相关概念是"交叉式压裂法"，在此方法中，彼此平行的两口或更多水平井按协调的顺序进行水力压裂作业。通常的顺序类似于将拉链齿合在一起：先完成一口井的第一级水力压裂，再完成相邻井的第一级水力压裂；然后完成该口井的第二级水力压裂，再完成其他井的第二级压裂，以此类推。随着级数的递增，此方法在井与井之间形成大量的压裂，从而使压裂波及的页岩面积最大化。据《石油技术杂志》中的一篇文章（石油技术杂志，2014a）称，该方法在伊格福特区广泛应用，大幅节约了时间和成本，并显著提升了采收率。在某些地层中应用了无水压裂法（石油技术杂志，2013）。举例来说，水的替代压裂液包括氮气、

## 油价真相

二氧化碳以及天然气凝液。天然气凝液不但缓解了用水量过大的问题，而且有助于开采更多的地质储量。对比表明，使用水进行水力压裂时，采收率非常低——通常低于10%。虽然使用天然气凝液比水贵一些，但天然气凝液可回收，以后可以低价销售。石油巨头康菲进行了实验，大幅增加在压裂作业中陶粒支撑剂（像砂子一样的微小材料，使断裂保持打开以令石油流入钻井孔）的使用量，开采结果非常惊人（金融时报，2014a）。近来，一些公司试验了"页岩层重新压裂"的概念——对多年前钻探过的、产量锐减的页岩层进行了重新压裂（石油技术杂志，2014b）。尽管这不是一项新技术，但是再次压裂可以将第一轮压裂中留下的大量石油一扫而尽，提升页岩使用率，从而拉开页岩油革命的"第二幕"。从逻辑上来说，开采得最多的盆地（如二叠纪）是最适宜此方法的地区。在近海石油工业中，从海上钻塔进行水力压裂已应用于整个美洲，预计将变得更加普遍——包括在深水区。

大家逐渐认识到，在页岩开采中使用的新技术也可应用于传统的原油开采，由此大幅提高其产能（参见第9章）。但是影响是相互的：原来用于提高传统原油采收率的提高原油采收率（EOR）法——向地层中注入蒸气、化学品或气体，以提高原油的流量——也正在逐渐应用于页岩油。《油气杂志》（2014a）报道了由Wood Mackenzie进行的研究，预测到2030年，由于采用传统的提高原油采收率法，美国页岩油产量将会增加300万桶/天。这是大多数杂志对页岩油进行预测时没有考虑在内的。根据当前预测，2030年以前美国页岩油产量只有

## 第8章 美国页岩油的寿命：我们是否只看到了开端

480万桶/天（美国能源信息署，2015a），相比之下上述增量是很显著的。这意味着，如果将提高原油采收率法付诸实施，到2030年美国的页岩油总产量将达到近800万桶/天。

巴肯是一个在产的良好的技术进步范例。图8.2对巴肯产油量与相关钻井装置数量进行了对比。显而易见，在图中所示的时间范围内，产油量出现大幅增加。从2007年到2011年，采油曲线的上升斜率呈加速趋势；但是，与2011年以后曲线的异常倾斜率相比，该上升斜率就不算什么了。从2011年到2015年初，产油量从约35万桶/天上升到130多万桶/天——产量增加了将近四倍。从图中可以看出，2012年年中以前，钻井装置数量一直在增加，钻井速度疯狂上涨。而到了2012年年中，数量突然达到峰值，并开始逐渐减少。此后，在2014年9月至2015年4月的7个月中，钻井装置的数量骤然下降了约55%——回应了原油价格的下跌。于是，有的人可能会合理预测，页岩油产量将下降，或者至少停滞不前。但令人惊讶的是，尽管投入到巴肯的钻井装置的数量有所减少，但是并未明显影响产油量的增长。这是因为减成本技术出现了突飞猛进的发展，钻井作业的效率也大幅上升。。我们距离图8.1中的成熟期尚很遥远，这一点是明确的。对于采用前述井距缩减技术的大陆资源公司，预计其产量将在接下来的五年到八年内翻一倍（金融时报，2014a）。但是，在2015年初石油价格下滑后，该公司缩减了预算。

**油价真相**

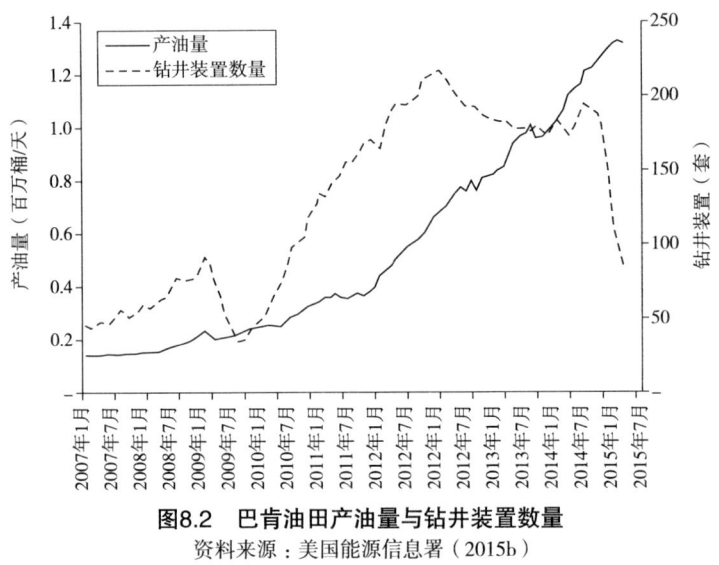

图8.2 巴肯油田产油量与钻井装置数量
资料来源：美国能源信息署（2015b）

## 今时此地，明日此地

近年来，页岩油资源估算不断上调，产能提升远高于预期水平，生产成本也持续下降，但是一些机构仍预测石油产量将在较长一段时期内出现增长疲软或"零增长"，这让我们颇感意外。但是从美国业已查明的页岩油资源储量以及勘探作业中发现的可能储量来看，页岩油革命并不会造成这些机构所预测的对石油产量的影响。技术进步的速度和可开采石油资源的数量是惊人的。举例来说，正如业内人士预计的那样，巴肯的评估产量在2008年与2013年之间增加了五倍多，达到约180亿桶（国际能源署，2013a），成为过去几十年中美国最大的石油发现。

## 第8章 美国页岩油的寿命：我们是否只看到了开端

看一看美国整体的资源地位，根据美国能源信息署（2013a）对可开采页岩油的保守估算——580亿桶，在2015年到2035年的20年中每一年将可开采约800万桶/天（假设届时全部资源均实际可采）。当然，开采将取决于经济可行性。但是，根据近年的成本下降趋势和技术进步潜力，未来几十年中可以实现产油量的持续增加。此外，地下的实际资源可能要比公共机构假设的多得多，通过进一步勘探即可更好地揭示资源财富的真实规模。凭借着在油气区带的实践经验，页岩油生产商普遍认为美国能源信息署或美国地质勘探局的官方资源评估非常保守。

第4章阐述了长久以来石油资源估算的演变。在石油工业的整个历史中，向上修订已成为一种准则。那么，多年以来产油量预测的增加也就不足为奇了。图8.3显示了在美国能源信息署在不同版本《年度能源展望》（AEO）（美国能源信息署，2011b、2012a、2013b、2014a、2015a）中预测的每年石油供应量。公平地说，鉴于可获得的政策、投资和其他变量的相关信息，每次产油量评估在当时或许都是可能实现的最佳估算。正如美国能源信息署指出的一样，这些预测不是为了确定无疑地预测未来，而是为未来能源趋势的方向提供一个依据。无论如何，数值均明确地显示，美国的长期产油量预测在相关年份中一直在稳定地增加。2011年，页岩油革命已经开始，从那时到2030年以前的产油量被认为将保持平稳。而从2012年的研究中可知，预测量已经进行了小幅的向上修订；2013年的研究则反映出更为显著的产量增加。过去几年里，页岩油急剧发展，因此2014年研究中的估

## 油价真相

算大幅增加,最大产油量比前一年高了200万桶/天,而且这一差值会一直存在于图中所示的余下预测期(即到2030年,每一年的供应量将会比前一年的预测高出200万桶/天)。在2015年的研究中,2030年的预测再一次向上修订了200万桶/天。由于对产量增长的态度更为乐观,产量预测值在前景展望中进一步大幅提高。图中的顶部曲线代表了2015《年度能源展望》的高产量案例,采油曲线在整个时期均持续攀升。在此预测中,美国产油量在2030年达到近1600万桶/天——几乎比参考案例高出600万桶/天。尽管历史并不始终是未来的指标,在图8.3中对近年供应量的修订进行展示是为了提醒我们,现在关于页岩油革命寿命的总体期望可能过于悲观了。

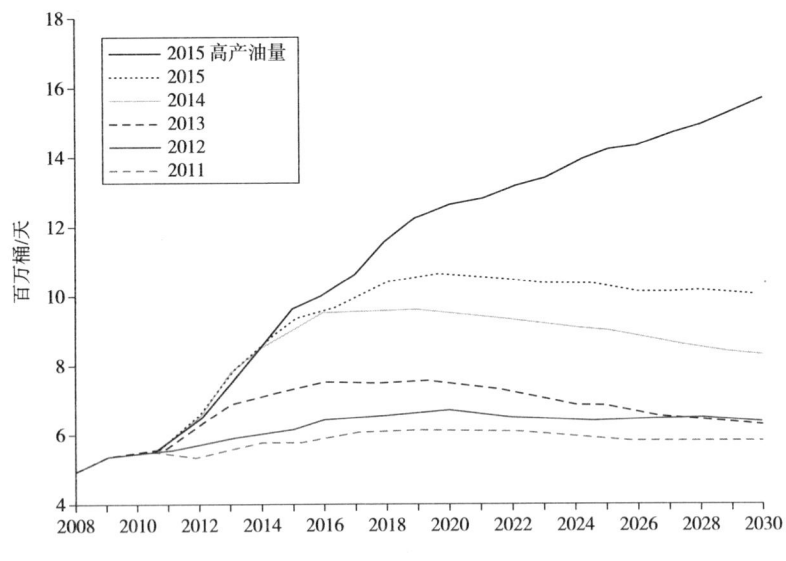

**图8.3 美国能源信息署的美国产油量预测**
顶部曲线为高产油量案例,下面几条曲线是参考案例(《年度能源展望》,2011—2015)
资料来源:美国能源信息署《年度能源展望》(年度报告)

## 第8章 美国页岩油的寿命：我们是否只看到了开端

考虑自2014年末开始的油价下降对美国页岩油未来的影响是很重要的。2015年初，油价已下滑至50美元/桶。此下跌几乎令所有的石油分析家措手不及，而官方价格预测机构（如主要投资银行）不得不对投资人做投资决定所依赖的短期预测进行反复的向下修订（华尔街日报，2014b）。我们也讶异于价格下滑的程度——我们预测，页岩油革命成功延伸到美国以外之后油价才会出现下滑。

油价下滑对美国页岩油供应意味着什么？关于这一问题有各种各样的看法。但许多观察家认为，假设未来几年油价保持在50~70美元/桶，将不同程度地阻碍页岩油的持续扩张。现有项目的产能不太可能下降，因为页岩油开采的平均运营/现金成本（包括维持产出所需新钻井的成本）预估约为30美元，即只有油价下降到30美元/桶以下时其产量才会缩减。但某些分析家称，油价低迷期的持续时间越长，石油生产放缓就会越显著，原因是资本支出和钻井活动被削减，而现有产能已经耗尽。许多人预计页岩油产量在2015年下半年会下降，且油价会停留在50~70美元/桶。但是，其他"非传统"分析家则认为当油价保持在上述区间时，考虑到生产率的持续上升（参见前面有关钻井和水力压裂技术的章节），石油产能尤其是最大储层中最高产区域的产能将会增加，在这种情况下，石油供应量也会持续增长。我们基本上同意此看法，部分原因是油田设施（如水力压裂）的成本有所下降，但更重要的原因是，石油生产商被激励进一步提升开采效率和改善开采方法，采油成本在此时期得以下降。尽管钻井装置数量急剧减少不假，但在许多页岩油气区带，钻井装置数量在油价下跌前已经开始减

## 油价真相

少，而石油产量却一直在增加（图8.2）。无论如何，数量减少的钻井装置大部分是最低产区用于垂直钻井的钻井装置，因此对页岩油产量的影响极小。

尽管如此，我们也承认，如果2015年初的油价水平持续几年的话，产量增加的趋势会暂时中断。无论如何，由于全球需求回升，油价在2015年年中反弹到60美元/桶上下，并预计在以后几年会进一步增加，因此对页岩油的资本投资应当不会大幅减少。权威预测机构认为2016年的油价水平在70美元/桶左右，也有更保守的预测认为油价水平在60多美元/桶。同时，许多页岩公司采取了避免因短期价格下跌而造成损失的措施，这意味着他们会以高于市场水平的价格运营。

在开采放缓的情况下，考虑到新页岩项目的交付周期较短（例如，闲置的钻井设备能很快再次投入使用），一旦油价恢复，与其他资本密集型石油资源（如油砂和近海石油）相比，页岩油的产量将可能相对迅速地重新开始增长。当数以千计已经钻探但尚未开采的油井开始生产时，也会使石油产量快速增长。一些运营商将水力压裂推迟，坚持待油价略高时再将这些钻好的油井投产。

自2015年上半年开始，美国能源信息署的每月《短期能源展望》报告多多少少证实了我们对近期油价和美国石油供应量的评估。这些报告指出，随着油价在2015年末和2016年反弹，放缓的钻井活动将再次增加，预计美国的总产油量会增加。截至2015年年中，已经有迹象显示钻井装置数量已降至最低点，并开始再次增加。

国际能源署2015年2月发布的另一份研究断言，美国的页岩油在2020年以前将仍然是世界新石油供应的第一来源（国际能源署，2015）。尽管作者悲观地认为由于油价暴跌，石油产量增长将在2015—2017年放缓至"涓涓细流"式增长，但他们也指出了石油开采效率的不断增长和运营监管力度的不断加强，承认他们所预测的近期开采放缓仍具有上升潜力。

## 巴肯的未来

与目前著名的油气区带相比，由于信息、资源评估和钻井试验有限或存在监管限制（将来可能实施），迄今为止某些美国页岩区的开发仍然受限。这些地区包括俄亥俄州和宾夕法尼亚州的Utica，蒙大拿州的Heath，怀俄明州的Mowry、科罗拉多州的Atoka，犹他州和科罗拉多州的Cane Creek，犹他州的Uteland Butte，路易斯安那州和密西西比州的Tuscaloosa Marine，以及阿肯色州和路易斯安那州的Brown Dense。其中的部分地区被认为是"正在形成的巴肯油田"，具有将页岩油革命转换到超速档的潜力。值得重申的是，这场革命是技术进步的结果，这些技术使大量处于休眠状态的石油资源可进行经济的开采。对于此处所提及的有些陌生的页岩地层，其开发在很大程度上取决于技术，但是如前所述，这些技术距离成熟期尚很遥远（图8.1）。

在众多有前景的美国油气区带中，获得最多关注的是加利福尼亚州的蒙特雷（Monterey）页岩区。2013年，蒙特雷被认为拥有超过150

## 油价真相

亿桶的页岩油。这有可能使其成为美国最大的页岩油区。尽管加利福尼亚州在建立严格的监管环境方面处于美国领先地位，尤其是针对水力压裂法的监管。但是随着其常规石油资源的减少，石油生产商渴望挖掘水力压裂法的潜力。南加州大学的一份研究（2013）发现，开发蒙特雷区将在2030年以前创造300万个就业机会，将加利福尼亚州人均GDP提升约15%，并增加250亿美元/月的财政收入。

然而，与目前在开采的部分油气区带相比，蒙特雷区据说在技术上较具挑战性。因此，一些人对蒙特雷区的未来持怀疑态度，美国能源信息署也表现出惊人的悲观态度，将其对该区带可采储量的预测值锐减了96%，从150亿桶下调至6亿桶（路透社，2014a）。大部分下调是考虑到技术上的挑战和开始时令人失望的一些试采井。

蒙特雷区的地质情况具有挑战性，因此石油生产商在此油气区带开采面临着成本问题，但一些更具冒险精神的公司则认为蒙特雷区达到其全盛期只是时间问题。人们不应该忘记，由于经济数据不具吸引力，且技术发展停滞不前，巴肯的石油也曾被认为是难以开采的。

因此我们重申，对蒙特雷区未来的公众认知严重地、不合理地低估了技术进步的力量。先前已证明蒙特雷区存在石油资源，因此不应放弃改善或调整开采方法，以挖掘加利福尼亚州石油资源的巨大潜能。除了改善水力压裂法以外，还包括提高原油采收率法（在此案例中，尤其是蒸汽注入法，即将加热的水泵送入地层中，降低原油的黏度，从而提高流量）。尽管下调了可采储量的预测值，但美国能源信息署承认，有朝一日一定会研究出一种创新的开采法，能够充分发挥上述石油资源的潜能，使其开采变得有利可图。

## 归纳总结

权威机构认为美国的页岩油革命将至少持续到2020年，但会以比近年慢很多的速度发展。2020年以后，预计美国将成为世界上最大的产油国，但出人意料的是，从那时开始，页岩油革命将开始放缓，开采进入一个缓慢但稳定的下降期。基于过去五年中观察到的非凡技术进步，我们对这些机构的长期预测表示怀疑，而对页岩油革命的前景持乐观态度。

页岩油长期开发所面临的挑战可分为地下挑战和地上挑战。地下挑战涉及未来页岩资源的可获性。地上挑战则与环境问题和石油生产商必须遵循的日益严格的监管要求相关。

尽管在可获性方面面临挑战，但技术在与枯竭的竞赛中处于领先。页岩油产量持续在增加，并超出了大部分的预测，同时开采成本却随着新颖、创新技术的应用而大幅下降。技术发展还远未到尽头，随着钻水平井、水力压裂以及用于扩充可开采资源的勘探方法的进一步革新，页岩油产量仍有很大的上升空间。

近年来，页岩油资源估算不断上调、产能提升远高于预期水平，生产成本也持续下降，其他机构对页岩油产量增长的预测仍比较保守，这让我们颇感意外。产油量的估算多年以来也一直在上调，这一

**油价真相**

点倒不足为奇。

对于休眠中的美国页岩地层,其开发将在很大程度上取决于技术,而技术正在飞速发展。人们一定不会忘记过去十年页岩油开采是如何突然崛起和迅猛发展的。谁敢说类似的"意外之事"不会重演呢?因此我们看好美国页岩油的未来前景,哪怕再次出现像2014年末那样的油价暴跌。

即使以后证明我们过于乐观了,但有一点是明确的,即美国引领这场革命后,将使美国减少对国外石油供应的依赖,并让美国在确保全国消费需求时有更多的政策选择。本书的最后一部分我们将进一步对此进行阐述。

# 第9章

# 常规石油革命

关于页岩油革命的章节使我们确信，石油供应的基本面已经发生重大变化。随着页岩油行业产能的高速提升，美国页岩油竞争力势必进一步增强。

但另一场相关的革命也悄然开始。钻水平井及水力压裂法进行技术改进后，实现了大量页岩油资源的经济开采，人们逐渐认识到这种技术改进也能应用于常规石油开采，从而大幅提高成熟油田和衰退油田的产能。美国和世界其他地区的几个盆地目前正着手对常规石油开采进行技术改进，我们称之为常规石油革命。

本章，首先对基本地质特征和工程特征进行说明，以便解释常规石油与页岩油之间的差异。然后是世界各地常规石油革命的案例。尽管常规石油革命还非常不显眼，仍处于婴儿期，但是"页岩技术"已广泛应用于传统石油开采，有些让人意外。常规石油革命的本质恰恰是让现有老化油田继续产出，与传统的提高原油采收率法（如注入蒸汽、化学品或气体）非常相似。获益最多的国家将是那些常规石油储量和现有产量较高的国家。

# 岩石

本节是简要的地质课程——尽管我们是经济学家。Aguilera等人（2014）指出，油层通常由源岩、储集岩、密封岩、圈闭和流体含量组成。大多数地质学家认为，石油的起源是有机物，主要与在压力、温度和细菌作用下发生改变的植物相关。尽管很难证明石油源自某个确切的来源，但普遍认为石油起源于源岩。

最常见的源岩是页岩，然后是石灰岩。可以发现常规石油的油藏岩石通常是多孔和可渗透的岩石。世界上大多数已知的常规石油出现在碳酸盐岩和砂岩油藏中。密封岩因其极低的渗透性（即石油可经岩石流出的极限程度）将石油封闭在油藏中，从而形成将石油保存在油藏中的圈闭。在页岩油层中，石油在页岩中产生，并保留在页岩内——尽管部分石油能运移和圈闭在其他地层中，如像低渗透性砂岩和碳酸盐岩一样的致密油层。因此，页岩既是源岩又是储集岩。这与致密油层正好相反，其岩石构成储集岩，储存从源岩运移的石油。与致密和常规的油层相比，页岩的颗粒和孔隙也更小。在现在的非技术

**油价真相**

性行话中，术语致密油和页岩油通常交换互用，或者在某些情况中，页岩油被视为致密油的一种类型（另外还有源自低渗透性砂岩和碳酸盐岩的致密油）。在本书中，我们将致密油和页岩油均归到术语"页岩油"下面。

"连续"的油层，如页岩层，是整层含油的宽广地层，通常被认为是非常规油层。正如其名称所指，连续地层连续不断地蔓延，可延伸到大范围的特定区域以外。作为源岩，连续油层比许多在其上方的明显不同的常规油藏深度更深。但是，连续油层的概念受到了一些专家的质疑，因为在连续油层中也可能有常规圈闭。

很显然，要区分始于19世纪的常规石油供应与始于21世纪的页岩油供应之间的地质术语是一项复杂的任务。我们试图在本节中将之简化，后面将以另一种方式区分常规和非常规。

## 常规石油与非常规石油

Economides（2011）在线上杂志《能源论坛报》的一篇文章中对在常规与非常规油层中采用钻水平井及水力压裂法进行了澄清性说明。大意是，不具吸引力的油层可成为理想的油层，而具有吸引力的油层可升级为更好的油层。

- 对于高渗透性的常规石油（如轻松流过岩石的石油），在商业上可行的油井通常无须水力压裂就可钻井。但这并不意味着水力压裂法没有益处，因为"该方法可将一口好油井变为更棒的油井"。

- 对于低渗透性常规石油，可通过相对少量且便宜的水力压裂使油井变得具有商业性。
- 随着油层变得更加致密（如更低的渗透性），有必要进行更大量的水力压裂。此时，可能需要水平井。
- 随着油层进一步致密，就必须钻水平井和进行大量的多级水力压裂，以获得有商业价值的石油。在此情况下，天然裂缝的目标区域（提高渗透性）被证明是有价值的。

我们在第7章中已指出，所有的页岩油资源目前均称为"非常规资源"。但必须重申的是，根据地质、技术和商业因素，非常规石油包含许多资源类别。我们同时还指出，非常规的概念较为主观，长期以来是不固定的。就本书而言，上述前两点与常规石油有关。后两点对应于非常规石油，我们将其宽泛地称为"页岩油"。根据油层的渗透性可以最好地阐释常规石油与非常规石油的区别。

"常规"与"非常规"之间阈值通常定义为0.1毫达西（mD）❶的渗透性。渗透性低于0.1毫达西的油层通常称为非常规油层。

尽管在美国受到的关注不太光彩，但水力压裂的市场确实是全球性的。Economides（2011）提供了一份美国、加拿大和其他地区采用水力压裂处理常规石油与页岩油的明细表，其摘要见表9.1。在

---

❶ 1达西为黏度1厘泊的1立方厘米流体在1个大气压力的压差作用下于1秒内穿过多孔介质的通过量，即其渗透性，多孔介质的横截面积为1平方厘米，长度为1厘米。毫达西为达西的千分之一（Schlumberger，2015）。

## 油价真相

美国进行的所有水力压裂中，仅16%应用于常规石油。但在加拿大和其他地区，分别有52%和73%的水力压裂作业用于常规石油。同时，美国23%的水力压裂作业和加拿大24%的水力压裂作业用于页岩油，但在其他地区却没有针对页岩油采用此法。余下的水力压裂处理应用于天然气，大部分为非常规天然气（如致密天然气砂岩和页岩气）。尽管这是2011年该文章编写时的情况，目前来看，由于美国以外的一些其他国家正在页岩油层中实验水力压裂法，情况已经发生了变化，但是呈现的数字表明，国际上的水力压裂活动似乎有助于常规石油革命。

表9.1 水力压裂作业（依据美国、加拿大和其他地区的油层类型）

| 油层类型 | 美国 | 加拿大 | 其他地区 |
| --- | --- | --- | --- |
| 常规石油 | 16% | 52% | 73% |
| 页岩油 | 23% | 24% | 0% |
| 非常规石油 | 61% | 24% | 27% |
| 合计 | 100% | 100% | 100% |

资料来源：摘自 Economides（2011）。

尽管美国在世界上引领了这两场革命，但在页岩油上的优势更大。理由如下：首先，美国仅处于常规石油革命的初始阶段，一种解释是，美国的石油工业渴望通过钻水平井及水力压裂活动来开发其页岩资源。但是，在即将到来的几年，预计常规石油产量将大幅增加。其次，常规石油革命在其他地区处于相对先进的状态，此点将在后面章节中进行阐述。

我们以页岩油技术向常规石油蔓延作为本节的最后一点。如前所述，世界上大多数常规石油出现在碳酸盐岩或砂岩中。世界各地的油层，尤其是碳酸盐岩地层，越来越受益于钻水平井及水力压裂——预计未来活动会更多。潜力巨大的区域是，著名的北海地堑区、墨西哥坎佩切湾（超大油田Cantarell的所在地）、巴西Espirito Santos盆地中巨大的盐下油层、富饶的波斯/阿拉伯湾。

## 常规石油在美国的回归

美国常规石油革命的初始阶段可通过对常规石油历史产量的分析得以窥见。美国的产油量走了几十年的下坡路，已经被反复报道过，这是在产量反弹以前大多数常规石油的情况。尽管产量反弹几乎可以完全归功于页岩油革命，但是仔细观察，常规石油也在增加。如图9.1所示，常规石油的产量从1985年的约900万桶/天减少到了2008年的430万桶/天。但2008—2014年，常规石油产量从约430万桶/天增加到450万桶/天。美国能源信息署（2014a）预测常规石油产量将在2016年以前达到近500万桶/天。

各州的石油开采产量数据表明，大部分州均出现了产量复苏。除了众所周知的在页岩油和常规石油上均受益的得克萨斯州和北达科他州以外，还包括一些较小的产油州，如俄克拉何马州、新墨西哥州、

## 油价真相

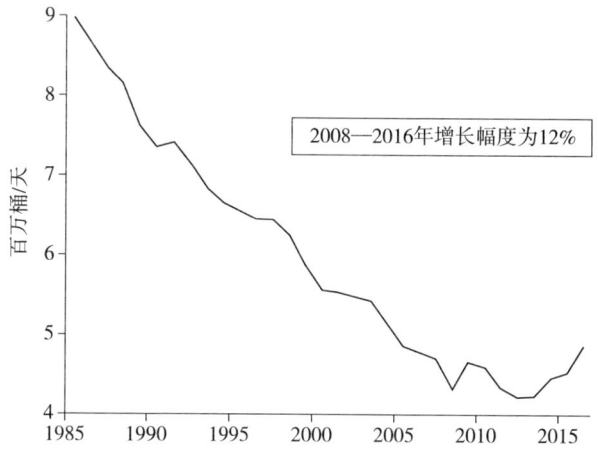

**图9.1　1985—2016年美国常规石油产量**
2015—2016年的数值为来自《年度能源展望》(2014a)的预测
资料来源：美国能源信息署（年度报告，a）

怀俄明州、加利福尼亚州、科罗拉多州、堪萨斯州、犹他州、蒙大拿州和密西西比州。尽管就数量而言2008—2014年常规石油产量的增长并不多（即使纳入美国能源信息署预测的2016年前的增长量），但考虑到过去几十年常规石油产量的持续下跌，这次转变无疑是令人印象深刻的。我们可以根据美国自2008年起的经历，对国际常规石油革命的未来进行量化展望（参见第11章）。

　　在此以前，常规石油革命一直未受到广泛关注，鲜有关于此主题的文献。IHS的一篇文章（IHS，2014b）是关于常规石油革命的少数文章中的一篇。在既有的美国盆地（包括二叠纪、阿纳达科、保德里弗和其他几个盆地），产量增长尤为明显。由于页岩油技术在常规油气区带的应用已处于稳定上升的趋势，未来看上去大有可为。IHS指出，从页岩油革命开始后，美国至少有300个常规油气区带已测试了水平井。其中，有51个成熟的油气区带被认为特别适合采用钻水平井及水力压裂进行恢复。某些油层仍被认为是常规石油油层，但是比可用传统开采方法进行开采的油层更为致密，在这些油层中，结合或单独使用钻水平井和水力压裂技术是非常有用的。除了技术应用以外，页岩油革命还带来了效率提升（如水平井钻井所需天数持续下降），从而加速了常规石油革命。同时，一个主要的促成因素是常规油气区带已经经历了过去长足的发展，基本的基础设施均已到位，并且这些地区的监管程序已非常成熟。事实上，对于美国在常规石油革命中的领先地位有许多解释，与第11章中对页岩油革命的解释类似：传统石油开采规模大且持续时间长、石油基础设施发达、开采投资可获得明确的产量、拥有众多探矿和开采创新企业、公众对行业持赞同态度、地下资源的土地所有者享有激励政策。

怀俄明州的保德里弗或许最有迹象采用页岩技术来供应常规石油。IHS描述了一个由一组公司在常规油藏中钻5000口井的项目，这些井的产油量已经可与同一盆地中页岩油的产量相媲美。这些公司计划在10年内采用大量的井台批量钻井，即从地面上相同的位置钻大量水平井。在某些情况中，最多可从同一井台钻16个水平井。这些井的目标油层是Cretaceous Turner、Parkman、Teapot、Shannon、Sussex和Frontier——所有这些油层均被认为是常规油气区带，但传统垂直井的历史产能较低。新的水平井将横穿更多的宽广油层，因此会接触到更大量的石油。与水力压裂相结合后，项目的经济效益将具有较大的吸

## 油价真相

引力。

我们可以将常规石油革命归入"增值"类别（亦称为"储量增长"），做这样的关联是合理的。"增值"通常定义为先前发现的油田因更成熟有效的技术的应用而获得的储量增加。提高的采收率（常规石油的平均值约为35%）是增值的一种形式。即使因应用页岩技术产生的采收率提高幅度较小，这些提高对开采和储量也具有深远的影响。想象一下这种情况，美国的原油探明储量，预测2014年约为370亿桶（美国能源信息署，年度报告，a），得益于5%的采收率提高，即从通常的35%提高到40%。这意味着储量将增加至420亿桶——增加约15%。此外，采出速度也将增加，或者储量的预期寿命将延长。采出速度增加示例：2014年原油产量为860多万桶/天，储量为370亿桶，美国在近12年的时间里采用该储采比。如果我们重新计算12年的年产量，但储量如上所述有所增加（420亿桶），则年产量增加至近1000万桶/天。概括来说，在仅仅10年多一点的时间中，如果原油采收率提高5%，每年的原油产量将从860万桶/天飙升至1000万桶/天。

但是，常规石油革命不会仅限于美国。世界各地目前有2000个落后的常规油气区带（油气区带是用来描述具有类似地质特征和烃类型区域的术语），而IHS认为这些油气区带能够受益于"非常规"的页岩油技术。在这2000个常规石油区带恢复开采的前景可观。的确，IHS（2015）在对以常规石油革命为主题的文章进行更新时，预测常规石油革命将在美国和加拿大以外的地区增加大约1400亿桶的可开采石油。为了全面合理地看待这一数字，2014年世界石油探明储量（不含美国和加拿大）相当于14460亿桶（美国能源信息署，年度报告，b），因此假设的采收率提高使全球探明储量增加了10%。

## 其他地区并未落后很远

现在，我们从美国经验转而细说世界各地尚无经验的常规石油革命。Maugeri（2013）在2013年的报告中指出，尽管难以复制，但"通过逐渐引入水力压裂法作为从世界各地成熟和衰退的常规油田开采更多石油的手段，美国页岩油经验可能对烃业产生巨大的影响"。

常规石油革命正在蔓延，例如印度尼西亚的油田、墨西哥的油田等，不过我们从两个主要的案例说起。第一个是加拿大的阿尔伯达省，据称该省经历了"常规石油复兴"，这主要得益于在钻水平井时结合了水力压裂法（环球邮报，2013）。产量和储量均因此得到了提高。从2011年到2012年，阿尔伯达省常规石油区的开采增加了14%，2013年又增加了7%。由于常规石油复兴，常规石油储量在2011—2012年增长了将近10%。阿尔伯达省的能源监管机构指出，产量的增加并未将页岩油包含在内（卡尔加里先驱报，2013）——尽管页岩油的产量肯定也有所增加。第二个例子是俄罗斯，俄罗斯老化的常规油田正得益于页岩技术的应用。西西伯利亚常规油田的采收率曾止步不前或开始下降，而钻水平井及水力压裂量的不断增加提高了这些常规油田的采收率（美国能源信息署，2012b），这也很可能是俄罗斯常规石

## 油价真相

油总产量仍在增长的原因所在。

在石油工程师学会大师讲座项目的一次演示报告中，Martin（2009）介绍了将水力压裂法应用于成熟油气层的其他例子。一个例子是印度尼西亚的丹戎油田，这是一个从1961年开始开采的成熟油田。20世纪90年代末，水力压裂对丹戎油田的再开发发挥了重要作用，而在此前的30年里，该油田的产量持续下滑。在2000年前后，丹戎油田的石油产量出人意料地反弹了将近10倍，达到了1970年以来的最高水平。尽管这些情况是发生在页岩油繁荣之前，但可以看作是"非常规"技术应用于常规石油的预演。现在，水力压裂法在技术上更加精细，且在成本上更低廉，这主要得益于页岩油革命带来的技术进步。根据20世纪90年代末印度尼西亚丹戎油田的成功案例我们可以推断，非常规技术在现今常规油田中的应用具有更大的潜力。

页岩油革命带来的技术进步对墨西哥湾的常规石油革命同样功不可没（路透社，2014b）。正如常规石油革命中许多成功故事展示的一样，受益的主要是墨西哥湾内的老油田。当采用地震成像来揭示地下特征时，钻水平井尤其有助于石油生产商接触到以前不能触及的常规油床。鉴于海上钻井资本成本较高，石油生产商一般在对浅水域中希望较大、易于开采的油田进行开采后随即离开。由于开采活动密集，这些油田产量下降的速度较快，而改进的钻水平井及水力压裂技术正好适合这些成熟油田的恢复。在逻辑上，一些公司认为，与在更深的水域开发新油田面临较高风险和较高成本相比，这个选择更具吸引力。

# 结束语

在页岩油革命技术应用的影响下，美国以及世界其他地区（在一定程度上）均出现了常规石油繁荣的景象，这是毫无疑问的。但是，页岩油革命与常规石油繁荣之间的关系并不完全明朗，原因是区分常规石油和非常规石油非常复杂，同时也很难将单纯的页岩油革命技术（即钻水平井及水力压裂法）对常规石油复兴的作用与其他提高原油采收率方法的作用区分开来。对页岩油革命本身的研究也因为这些因素而变得复杂，因为常规石油与非常规石油之间的界线越来越模糊，而在页岩油开采中使用提高原油采收率法也越来越普遍。

无论如何我们坚信，这两场革命的联合影响将对石油——到目前为止人类使用的最重要的初级商品——产生势不可当的国际影响。在第11章中，我们将对这两场革命的影响进行量化思考。

# 第10章
# 两场革命产生的环境问题

本章旨在能够更好地理解页岩油革命引起的相关环境问题。主要结论是，确实存在许多环境问题，且媒体通常将这些问题夸大，但处在婴儿期的页岩油行业正在积极地解决这些问题。新的环境友好方法正在研发之中，同时还会实施有效和可执行的法规；这些方法有可能使这两场革命在环境上不逊于其他化石燃料的开采。

页岩资源开采中采用的方法引发了广泛的环境问题，于是产生了激烈的争论。这些争论有时有证据的支持，有时仅仅是情绪的发泄。对于页岩油革命和常规石油革命在全球的普及，或是在美国的持续发展，潜在的限制因素之一是环境影响，无论是合乎规定的影响还是感知性的影响。环境问题大多与水的大量使用、饮用水污染、温室气体排放和诱发地震相关，受到了广泛的关注，并对政策产生非常大的影响，在某些情况下，是对页岩油行业不利的影响。对于那些密切关注能源问题的人，他们顾虑的主要原因众所周知：水力压裂。水力压裂是促成页岩油革命和美国产油量急剧转变的关键技术之一。此方法已在世界各地使用，而且已经使用了几十年。但是，由于近期产生的环境问题，法国、保加利亚以及美国和加拿大的部分地区宣布禁止或暂停使用这一技术。其他一些国家或省或州引入了提案来禁止水力压裂，而之前暂停使用该技术的其他地区正在考虑撤销暂停措施。

水力压裂的持续使用决定着页岩油革命和常规石油革命在国际上的扩张以及对能源生产国和消费国潜在的实质性经济和地缘政治影响。但如果发生这两场革命，那么以对环境负责的方式进行开采将至

## 油价真相

关重要。这将有助于获得公众认可,没有公众认可,这两场革命势必延迟。必须说明的是,目前已在开展页岩开采活动的美国和其他国家(如澳大利亚和加拿大)已经制定了相当详细的法规(Hunter,2011;Green,2014)。如发生意外事件,那一定是违反规定的结果。这意味着,法规不仅要存在,而且必须可执行。

全球页岩油革命和常规石油革命的环境和社会影响在不同国家间有所不同。例如,在澳大利亚,可能会因水短缺而对技术应用进行限制,但在加拿大这就是个较小的顾虑。另外,集中钻探活动的影响在澳大利亚的偏远内地不太明显,但在人口稠密的欧洲国家则是一个潜在问题。同时,这种影响在同一个国家内也可能迥然不同。Mauter等人(2013)根据美国三个州各自特有的地上和地下情况,强调了在这三个州进行页岩开发所导致的环境后果的差异。例如,北达科他州巴肯的快速发展得益于较低的人口密度,然而,鉴于该州大规模农业对水的需求很大,水力压裂的用水将是一个挑战。相比之下,宾夕法尼亚州Marcellus页岩(通过页岩气生产页岩油的重要产地)的水供应比较充足,但是运营场所靠近人口密度较大的市中心。

本章旨在能够更好地理解页岩油革命引起的相关环境问题。我们的主要结论是,确实存在许多环境问题,且媒体通常将这些问题夸大,但处在婴儿期的页岩油行业正在积极地解决这些问题。新的环境友好方法正在研发之中,同时还会实施有效和可执行的法规;这些方法有可能使这两场革命在环境上不逊于其他化石燃料的开采。

我们引用的事实和未知事件均在有声望的研究和文章中报告过。

第10章 两场革命产生的环境问题

不管我们如何努力，我们的引用来源将无疑被环境保护主义者认为存在偏倚。事实上，引用的环境影响的所有证据均来自美国。随着水力压裂革命的开始，其他地区也可能会面临类似的问题。但是，由于从美国汲取了经验教训，后果的严重程度可能会低一些。

就经济、环境和地缘政治而言，通常依据效益和成本对水力压裂进行判断。由于存在争论，因此众多研究给出不同的意见和结论也就不足为奇了。重要的是，有几项研究提出了对页岩开发进行管制。这些研究提出了减少环境影响的具体措施，并有助于确保政策安全。在本章结尾，我们将对这些建议进行概述。页岩油革命和常规石油革命对未来气候和政策问题的影响见第14章。

## 较早的水力压裂法

我们在第7章中指出，钻水平井及水力压裂并不是新的技术。新的是这两种方法的结合，以及多年以来对这两种方法在技术上和经济上的改进和创新。部分创新引起了新的环境问题，但问题变得敏感主要还是由于水力压裂活动的大范围扩张。

《福布斯》中的一篇文章指出此技术至2014年已存在65年，并描述了在俄克拉何马州第一次商业应用的情景（Blackmon，2014）。从那时开始，仅在美国应用水力压裂法的井就超过了100万口。有趣的是，在开始60年对此技术没有争议。2008年前后，随着页岩油革命的

**油价真相**

开始和其受到的广泛关注,情况发生了剧烈变化。如前所述,近年来产生的主要环境问题与淡水的不可持续使用、化学品进入饮用水水源造成的危险、天然气逸漏至大气导致的全球变暖以及可能触发的地震有关。因此,出现了强有力的反水力压裂法运动,此运动在媒体上获得了主流关注——甚至在好莱坞的电影中。保持相对沉默几年后,石油工业近来开始努力向公众呈现其立场。目前,此行业的主要目标是介入受影响的社区,根据事实对当地居民通常会有的问题进行解答。

## 环境和安全问题

本节将讨论主要的环境问题,并为已经产生但鲜为人知的一些问题提出解决方案。

### 天然气逸漏

尽管页岩气开采更受关注,但是页岩油中伴生天然气逸漏到大气或地下水中同样令人担忧。据称该现象是由水力压裂造成的。在水力压裂的过程中,天然气向上释放或通过运移穿过油层。此外,含在水力压裂流体中的天然气可能会随着在挖掘后流回井口的流体而排入空气中。不过,美国的监管机构现在要求运营商采取相应的预防措施(Gold,2014)。其实,天然气可以在地面分离,然后销售。

## 第10章 两场革命产生的环境问题

几份环境期刊（如Howarth等，2011）重点介绍了水力压裂过程中天然气逸漏至大气的问题，因为天然气（甲烷）造成的温室效应甚至比$CO_2$更严重。O'Sullivan和Paltsev（2012）进行的研究表明，逸漏到大气中的天然气的量被过高估计了。此外，针对此主题也有几份研究得出了不同的结论。

公众普遍的担忧是，因水力压裂释放的天然气会污染饮用水的地下水源。某些纪录片中所展示的厨房龙头打开时燃起火焰的场景也是让公众产生担忧的部分原因。然而，该厨房水槽燃烧是在页岩油革命以前发生的，并在远离水力压裂作业的地方。尽管这种现象很少出现，但其原因与钻井（包括房主自己的水井）造成的浅地层天然气运移至地下水源有关。Boyer等（2012）在宾夕法尼亚州Marcellus页岩进行油气钻井前后对地下水中天然气含量进行了测量，经对比未发现地下水的天然气含量有增加。美国国家科学院经研究（Darrah等，2014）发现，水中无组织气体污染的原因是井的构造有问题，而不是钻井本身或水力压裂（井构造涉及井筒和固井，指在钻井后插入开孔并使用水泥固定到岩石上的钢管，而水泥应该不会发生渗漏）。根据在地下水中进行的第一次惰性气体综合实验，Darrah等人（2014）提供了证据，排除了水力压裂造成气体污染的可能性。

这些研究表明，合理设计的井能缓解天然气逸漏至饮用水和大气的问题。井的规划和施工正在改善，井筒和固井也针对相应地质条件进行了专门设计（Brantley和Meyendorff，2013）。

## 油价真相

### 对水的担忧

据《油气杂志》(2015)报道,美国环保署的一项研究发现,尽管水力压裂有可能影响饮用水,但在美国尚未发现对饮用水有大范围、系统影响的证据。在此小节中,我们讨论以下相关主题:为拯救稀缺淡水做出的努力、新水源的开发或替代,以及化学品对水源污染的可能性。

水力压裂需要使用淡水,而对淡水过度使用的担忧正是首先需要处理的问题。针对此问题,目前已对水力压裂后流回的废水(泵送到井下和油层中含有盐分和杂质的淡水)在处理上进行了技术改进,使部分废水得以再利用(Nicot和Scanlon,2012)。尽管绝大部分用水仍来自淡水水源,但《石油技术杂志》(2014c)报道称,美国的石油生产商在越来越多地对废水进行处理和再利用。如果水溢出或泄漏后再在地面上进行处理,那么无论是在水力压裂中再利用或是注入深井进行地下处理,均会造成问题。因此,需要采用合理可靠的操作方法来预防此问题。目前而言,即使是邻近海洋的油层,也不选择使用海水进行水力压裂,因为盐分会溶解岩石,并造成油层和油井堵塞等问题。

另一个技术改进出现在二叠纪盆地,在这里,由于淡水稀缺,石油生产商便使用页岩层附近形成的非饮用含盐水。与海水相比,含盐水的盐含量适度,因此可以在水力压裂前以经济的方式进行处理。另一种方法是对石油开采过程中产生的水(盐含量更高并含有固体颗粒物)进行处理,然后用于之后的水力压裂。该方法成本会更高一些。

另一个让公众（尤其是页岩油开采活动附近的居民）担忧的问题是，淡水含水层会被水力压裂中使用的化学物质污染。美国地质勘探局采用有限的可用数据库进行了一项研究（Bowen等，2015），但是未发现水质与页岩油开发之间存在必然联系。因此，研究人员强调，需要更多的数据来正确解决相关疑问。对于污染的担忧部分与水力压裂中所采用流体的性质相关。除了水和砂，在注入的流体中还包含上百种化学物质。但这些化学物质一般占总量的1%～2%，而石油生产商以前担心这些化学物质公开后会使他们失去竞争优势，因此曾对它们保密。如果对水力压裂流体施加过大的压力，如果未充分了解地质应力，或者油层相对较浅并靠近地下水源（更可能是煤层气的问题），那么断裂可能会延伸到地下水层中（Ripple，2011）。鉴于页岩层相对较深并位于地下水的下方，因此不太可能出现上述负面结果。从数以千计的微震测量中获得的真实断裂扩展数据也佐证了此点（Fisher和Warpinski，2012）。通过比较水力压裂垂直扩展的最高点与地下水层的最低点，很容易得到这样的结论——这些断裂达到地下水的可能性非常低。随着离地面越来越近，主要的应力从垂直（在页岩层处）变为水平，因此水力压裂对地下水产生影响的可能性会进一步降低（Aguilera等，2014）。此外，石油工业所能应对的已经远远超出了断裂范围和方向的控制，因此只要运营商遵循合理程序，化学物质就不会进入地下水。上文提及的井筒和固井的改善也有助于预防出现与化学物质相关的问题。

第8章介绍了与水力压裂有关的一些具体技术创新，例如，无水

**油价真相**

压裂——使用天然气凝液作为压裂流体。这一技术改进将有助于减少水和化学品的用量。用水短缺的干旱国家对能够减少用水或完全不用水的采油技术尤为感兴趣。此外，一些公司还计划用"绿色"水力压裂物质替代化学品，例如，俄克拉何马州Chesapeake能源公司的GreenFrac计划。该公司称，从2008年开始，水力压裂流体中使用的化学添加剂减少了18%（Chesapeake，2015）。埃克森美孚也在开发一种无毒的流体，试图说服德国当局批准水力压裂；此外，哈利伯顿公司（为运营商实施水力压裂的大型服务公司）也创造了一种由食品行业供应的生态友好物质（金融时报，2014b）。这些例子表明，随着石油行业的成熟，采油技术的革新将会非常迅速。

**地震**

诱发地震被指与水力压裂有关，因此随着地震活动的增加，诱发地震在美国和英国获得了越来越多的关注。人们在询问水力压裂是否是诱发地震产生原因所在，并因此开展了一些研究来寻求证据和可能的解决方案。Jackson等人（2014）指出，在俄克拉何马州和英国兰开夏郡的小震是由水力压裂诱发的。但他们也指出，至少还有六种人类活动（如采矿、地热发电、油田和气田的衰竭式开采等）可以诱发小震，而且与这些活动相比，由水力压裂造成的小震的数量是非常少的。此外还有报道称，大量的地震是将废水注入地下进行处理造成的，而非由水力压裂造成。当然，大量废水是在水力压裂时产生的，因此水力压裂也被牵连进去。

美国石油工程师学会的旗舰期刊《石油技术杂志》断言，石油开采活动确实会造成地震（石油技术杂志，2014d）。例如，他们以俄克拉何马州为例，该州2014年上半年记录的地震有268次（里氏震级3.0级以上，但没有损坏或受伤的报告），而从1991年到2008年每年平均只记录到三次。不过《石油技术杂志》（2014d）同时也认为地震是可以避免的。避免诱发性小震的最佳方案是采用地震成像来识别断层线，并在水力压裂时将其避开。此外，可以在风险区域以外钻井。在处理废水时，地震勘测也是很有用的，而且相对来说，这只是处理井总成本的一小部分。在作业以前和过程中持续进行微震监测虽然需要更高的成本，但是会收到更好的效果。减少在水力压裂中的用水量是解决此问题的另一措施，而且这也会减少废水处理的需求。就像Jackson等人（2014）在《石油技术杂志》（2014d）中指出的一样，水力压裂法本身造成的问题远没有废水处理造成的问题那样严重，因为后者需要在更长的时期内注入更大量的水。值得注意的是，目前在美国有150000多口处理井（其中约40000口与油气运营有关），但这些井极少造成小震。采用上述建议的解决方案也能预防小震的发生。

## 砂需求

还有一个不太为大家知晓的问题，水力压裂所需工业砂的量越来越大，从而导致工业砂的短缺，采砂作业对土地和空气的影响也颇受关注。砂是水力压裂的支撑剂，将形成的断裂支开，以便石油能穿过

## 油价真相

岩石,在水力压裂中扮演了至关重要的角色。

2009—2013年,美国的工业砂产量约增加了90%(美国地质勘探局,年度报告)。采砂和运砂也面临着问题,因为水力压裂中使用的砂矿不完全是合适的类型。在一些地区(如欧洲),以可接受的经济和环境成本获得砂是一个更大的限制因素。

对于砂的问题,最有希望的解决方案是增加替代材料的使用,如陶瓷支撑剂。如在第8章中所述,陶瓷支撑剂已经在使用,对于页岩油产量的最大化来说,陶瓷支撑剂甚至比砂更有效——但目前较为昂贵。制造商在寻找创新方法,以期降低此日益受欢迎的支撑剂的生产成本,就不足为奇了。

## 土地使用

对石油工业土地使用的担忧在页岩油革命出现以前就已存在。但是,页岩油革命的开始加重了土地退化、自然生态系统破坏、与农业利益相冲突等问题。

目前,页岩油井初期产量较高,然后产量便快速下降。在开始的几个月和几年中,必须钻许多新井,以维持商业产量。例如,在巴肯产油量暴涨的同时,油井和气井的数量也增加了。在北达科他州,2007年钻了约400口井,2011年钻了超过2000口新井(Mauter等,2013)。过去这些年的频繁钻井对土地使用带来了一些影响。根据所开发地区的人口学特点和生态特点,社会影响和环境影响各有不同。未来在美国和其他地区的土地影响也将取决于这些特点。显然,在人

第10章 两场革命产生的环境问题

口稀少的地区，钻井对人的影响较小。然而，人口密集的地区可能就不太倾向于允许钻井，因为公众将更容易受到外部影响，如水力压裂设备造成的污染和重型卡车来往对交通的影响。但同样的，技术在解决土地使用问题中也会发挥其作用。最有效的解决方案是继续对分支钻井和井台批量钻井的技术进行改善，实现从一个井场钻多口井。

**运输问题**

随着页岩油产量的增加，北美部分地区的原油管道遇到瓶颈，新开采的页岩油要经过一番挣扎才能到达炼油厂。在没有足够原油管道基础设施的偏远地区，如北达科他州的巴肯页岩，这种制约尤为明显。因此，铁路运输大幅增加，成为将石油交付市场的必要手段。铁路运输的成本比管道运输高一些，但是随着运营商的经验增加，铁路运输的成本已有所下降；因此，铁路运输也日益普及。铁路运输的增加并非没有问题，已经发生了几次事故，而其中一些事故还靠近人口密集的地区。破坏性最大的事故发生在2013年，在那次事故中，一辆来自巴肯载有石油的列车在魁北克的梅干提克湖小镇脱轨，并发生了爆炸，导致47人死亡，并对小镇中心大部分区域造成了破坏。在此次悲剧事件及其他近期的脱轨事故发生后，为了增加安全性，许多法规被提出和引入。在美国，监管机构呼吁逐步淘汰旧式轨道车，并在2016年以前换成新型、耐久的轨道车（纽约时报，2014）。同时还提出了几项其他规定，包括降低限速、采用更安全的路线以及对沿线进行更频繁的检查。对于高度易燃的原油，也提出了额外的处理措

**油价真相**

施——主要是去除天然气凝液,以降低原油的爆炸性,尽管这样会导致巨大的成本。美国石油学会(2014b)发布了石油铁路运输最优方法报告,包括石油测试、分级和装车。尽管过去有各种各样的问题,但在未来几年,预计美国和加拿大的铁路运输仍会大幅增长。政府和运营商必须将他们的注意力放在安全上,避免发生更大的事故,从而确保页岩油在北美的发展。

另一个运输问题是页岩开发所需重型设备的转移。Lawrence(2013)强调,由于卡车使用频率过高,造成高昂的道路维修成本,这损害了纳税大众和页岩开采公司的利益,因为他们需要缴纳交通影响费来弥补此类破坏。同样,分支钻井和井台批量钻井更广泛的应用,将有助于减少钻井活动的次数、降低车辆交通流量。

在本节的最后,我们强调,这两场革命中所涉及行业为新生行业,而在相关领域活跃的美国公司(主要是中小型公司)也展现出特立独行的态度。随着行业成熟并受到公共管制,"野蛮开发"的心态也可能会调整,从而克服许多环境危害。

**行为准则**

尽管页岩油革命在2011年就开始了,但它并未像页岩气革命一样受到关注。在这一年,国际能源署发布了一份综合性报告,提出以对环境和社会负责的方式开发非常规天然气(国际能源署,2012b)。

此报告声称，如果开采公司遵循这些准则，世界将有可能进入一个天然气的黄金时代，也就是说，世界各地天然气的使用将会增加，并带来经济、环境和安全效益。鉴于页岩气的开采方法和环境问题与页岩油大致相同，这些准则也适用于页岩油。

国际能源署发布的七项建议总结如下：

- 让所有的利益相关方参与，实现透明运营，特别是披露在水力压裂中使用的物质。
- 仔细研究地质情况，避免对用水造成不利影响。同时，选择钻井场地时应将社会影响降至最小。
- 在油/气井设计和施工中采用最佳方法。
- 通过反复利用减少水力压裂中的用水量。否则，以安全的方式对污染水进行处理。
- 减少地面上所用固定设备的排放。同时，预防天然气的排放或燃烧（在页岩油开采中，天然气是伴生气体）。
- 根据规模经济理论对可降低影响的技术进行投资（如井台批量钻井，先前定义为从相同地面位置钻多口油/气井）。
- 持续监测发展动态并相应引入适用法规，确保将影响最小化。

其他研究也提出了有关页岩安全开发的建议。在国际能源署（2012b）的报告发布前，美国能源部长顾问委员会（亦称页岩气开采小组委员会）发布了一份建议报告，其中包含可在当时实施的建议和在近期实施的其他建议（美国能源部，2011）。2015年，美国内政部引入了一项法规，此法规目前只适用于联邦土地——约10%的水力

**油价真相**

压裂发生在联邦土地上,要求开采公司披露在水力压裂中使用的化学物质,确保废水的安全处理,并满足施工标准。另一个例子是澳大利亚,Hunter(2011)针对非常规天然气开发的现有和潜在监管措施编制了一份报告。相关研究是受西澳大利亚州政府委托,西澳大利亚州后来颁布法规要求开采公司披露所用化学物质也是受此研究的影响。此后,西澳大利亚州的环境保护局批准了水力压裂法。

总的来说,上述报告以及近年涌现的其他报告均得出了类似的结论:第一个是需要更高的透明度和更严格地执行法规。第二个发现是,一旦透明性得以实现,且有可执行的适用法规,页岩开发便能以环保安全的方式进行。尽管在本节中引述的研究均与页岩相关,但其焦点是水力压裂。因此,这些研究的结果完全适用于本书的主题——页岩油革命和常规石油革命。

## 结束语

我们在本章中提供了最相关的信息,意图将近年来因页岩油革命而产生的主要环境争议阐述清楚。尽管许多担忧是有根据的,但水力压裂的应用很有可能会被推广,因为尚没有任何研究明确得出页岩发展会受到阻碍的结论。

公众舆论并非总是理性的或受到逻辑论证影响的。然而,公众舆论是有影响力的,重要的是,公众不被争论任何一方夸大或错误的主张所误导。因此,公众应该重视有科学依据的严谨研究,同时不受无根据的评论的影响,目前这两方面均有进展。所有的利益相关方均须以负责任的方式行事,形成社会双赢的局面。

  本章述及的内容表明,如果制定和遵守适当的程序,在页岩油和常规石油开采中采用水力压裂法带来的益处将远高于其产生的环境成本。就这一点而言,技术进步是关键。采用更有益于环境的技术有时比传统技术的成本更高。但是,石油生产商似乎已经认识到,他们要想继续生存,就必须认真处理现有问题,同时进行研发投资,以减轻负面的环境影响(Kiger,2014)。这不仅适用于本章所述的主要问题,而且适用于一些较少公布的问题,如柴油动力水力压裂设备在井场的排放物——柴油可以替换为更清洁、更便宜的天然气。合适的法规将进一步激励石油生产商降低目前尚不够经济的技术成本,就如同他们对常规石油技术所做的一样,从而获得公众的信任。但是,环境组织危言耸听,媒体在不加考虑的情况下也会发布同样危言耸听的报道,他们可能会对监管制度提出过分的要求,造成更高的成本,从而阻碍页岩油革命和常规石油革命的发展。

#  第 11 章
# 这两场革命会在全球展开吗

本章试图对页岩油革命和常规石油革命是否会在全球展开这个问题作答，并着重于前者。得到的结论是"会"，它们会在全球展开。页岩资源基础分布广泛，并且相关技术也可以向其他地区传播，尽管与美国资源的质量相比，我们对其他地区的资源质量如何知之甚少，但是美国在此方面应该不会是特例。关键的问题是页岩油革命将什么时候在其他国家展开。为了解答这个问题，我们首先阐明了美国在页岩油领域领先的原因以及其他地区需要多长时间来启动。然后，我们考虑了随着其他地区克服阻力和制约并跟上页岩油革命的步伐，可能会发生什么以及哪些地区会开展页岩油革命。同时，我们还对未来几十年的全球常规石油革命进行了合理推测。

## 暂时的美国现象

如果将页岩油研究中频繁报道的情况列一份简表,就足以解释美国在此领域处于和保持先锋地位的原因。首先,当然是有利的资源财富,虽然许多国家与美国一样拥有丰富的资源。美国进行大规模的石油开采已经有很长的历史,因此常规石油开采的技术和基础设施均比较先进,同时也很容易转化为页岩油的需求。促进创新创业活动所需的公共基础设施非常完善,并随时可应用于页岩油开发。另一个有利情况是,美国立法赋予了土地所有者对地下资源的所有权,这一规定在许多其他国家都没有被采用。因此,土地权利问题在美国得以避免,因为土地所有者控制着土地特许权使用费,并从中获益。美国拥有历史悠久的小型勘探和开采投机企业,它们促进了革命的进程。官僚化的能源巨头最初进入此领域较为迟缓,但一旦勘探公司确认了地质和经济潜力,并开始出售发现的油气区带,能源巨头就会积极响应。所有这些特点均有助于了解为什么美国会在页岩油革命中领先,以及为什么大多数其他国家远远落后于美国。

**油价真相**

## 不断变动的页岩油资源

人们对世界各地的页岩油资源知之甚少。由美国能源信息署委托进行并于2011年4月发布的一项研究（美国能源信息署，2011a）表明，全球技术可采的页岩油资源量仅为320亿桶，但使用的数据是2009年以前获得的，按2011年全球产油量水平310亿桶（BP世界能源统计年鉴）算的话，页岩油的预期寿命只有一年多一点。

2013年6月发布的评估（美国能源信息署，2013a）预计全球页岩油总量为3450亿桶，与2011年的研究相比大幅增加了1000%多。仔细考虑上述预估，这个量相当于全球已探明常规石油储量的五分之一，几乎是2013年全球产油量——320亿桶的11倍（BP世界能源统计年鉴）。

由于美国能源信息署（2013a）的研究未涵盖部分重要的含页岩油地区，尤其是中东和里海地区，研究中提供的数字一定远低于全球真实水平。不过，2013年评估的国家数已增至41个（2011年为32个）。根据这份研究，可开采页岩油资源广泛分布在世界各地，其中俄罗斯占据了最大份额22%，其后是美国17%，中国9%，阿根廷8%，利比亚8%，委内瑞拉和墨西哥分别为4%。

德国联邦地球科学及自然资源研究所（BGR）进行的另一项研究（BGR，2012）给出了更高的全球页岩油资源总量，并指出这些资源的勘探几乎尚未开始。尽管报告的全球总量不是按国家分类的，但技

## 第11章 这两场革命会在全球展开吗

术可采资源（约6350亿桶）几乎对应于全球已探明石油储量的40%。研究中对一些选定国家的页岩油资源量进行了估算，其中中国和委内瑞拉占据优势地位，分别为3000亿桶和2500亿桶。需注意的是，在2013年版年度研究中，BGR悲观地将全球页岩油估算量减少了将近50%，以与美国能源信息署（2013a）的研究保持一致。

根据私营公司自下而上的估算，国际能源署（2013b）将全球页岩油资源的最大值估算为6000亿桶。这个值变大的原因是区域覆盖更广泛，以及与政府机构相比，私营企业采取的方法不那么保守，相对合理。

各项研究的估算各不相同，表明了目前的页岩油资源量估算存在不确定性、复杂性和主观性，但是也可以合理地推论为：全球页岩油储量巨大。随着开采技术创新和开采的加速，储量和地理分布范围有可能增加，同时变得更加精确。

尽管现有的资源评估非常合理，并由有声誉的机构广泛引用和进行，但主要的缺点是他们未考虑许多有前景的区域。因此，本章根据2006年开发的模型（Aguilera，2006）——该模型在同行评审期刊的许多文章中使用过——对全球页岩油资源进行了初步估算，包括以前未经评估的盆地。VSD（Variable Shaple Distribution）模型用于估算以前未评估的石油资源量的该模型的详细阐述超出了本章的范围，但本章对估算结果进行了总结。此模型采用了其他研究提供的数据，就本书而言，采用了美国能源信息署（2013a）的页岩油资源评估数据，并通过非线性回归进行匹配。然后，将VSD模型延伸至样本区域之外，将其他研究未考虑的地质区域纳入。尽管世界上大多数区域均可

**油价真相**

能含有页岩油,但我们假设最大的区域已经被发现。这表示,VSD模型的结果一定是保守的。但是,如果将美国能源信息署评估的95个地区(2013a)延伸至937个地区(美国地质勘探局认可的地区),全球页岩油总量将变成6500亿桶。此估算值几乎是美国能源信息署提供的估算值(2013a)的两倍,并与私营企业最乐观的评估更为相符。尽管在VSD模型中包含的许多地区页岩油储量较小甚至不存在页岩油,但该模型在过去已经被验证,因此模型的结果具有说服力。更为重要的是,该模型让大多数机构注意到这一事实——世界上很多地区仍未评估。

## 美国之外可能的页岩油领导者

在美国以外的页岩油资源所有国当中,哪些国家有可能在资源开采中占据领先地位,这些国家的页岩油革命何时开始?就这一问题而言,需要积累必要的基础设施可能是页岩油革命延缓的最大因素。如果基础设施要从零开始发展,可能需要十年的时间。因此,页岩油革命领导者可能从重要的常规石油生产国中产生,因为这些国家现有的基础设施经过调整即可用于页岩油开采。

除了几位能源专家(如Morse,2014)外,大多数专家在前几年对美国页岩油革命在国际上蔓延的前景并不乐观。否定者开始改变他们的论调不足为奇。国际能源署在2014年的一份中期石油报告中推断，页岩油革命将在2020年前延伸至其他国家（国际能源机构，2014b）。几个有志于开展页岩油革命的国家正在采取措施修改财政和管理制度，以使页岩投资更具吸引力。此外，他们还可以从现有的技术知识中获益，同时避免页岩油先锋——美国曾经经历过的棘手问题。国际能源署预测（2014b），2019年之前，美国以外的页岩油产量约为65万桶/天，其中加拿大约40万桶/天，俄罗斯10万桶/天，阿根廷略低于10万桶/天，余下产量来自墨西哥和澳大利亚。最后两个国家预计将在2020年以后稳定增加其产出。我们认为，2020年仅仅是美国以外其他地区页岩油大幅增长的开端。

对于页岩油革命的长期发展，美国能源信息署和国际能源署仍不能给出确切的结论。在2040年国际展望（2014b）中，美国能源信息署预测除美国以外最大的页岩油产量将来自俄罗斯，其后是加拿大、阿根廷、墨西哥和中国。尽管设想石油价格还会在2011—2014年高油价的基础上持续上升，但是美国能源信息署预计2040年美国以外地区的页岩油总产量仅为600万桶/天。国际能源署甚至更为悲观，预测2040年美国以外地区的页岩油总产量将低于250万桶/天（国际能源署，2014a）。

由于石油工业历史悠久，加拿大在页岩油开发上具有战略优势。加拿大目前的产油量居世界第五位，且页岩油的份额在稳定增长。加拿大国家能源委员会（NEB，2013）预计，长期来讲，页岩油将是加拿大石油供应量增长的主要来源（不包括北阿尔伯达省的油砂产量）。在近期的资源评估中，加拿大国家能源委员会预计西北地

## 油价真相

区的页岩油储量高达1910亿桶（NEB，2015），而美国能源信息署（2013a）预计整个加拿大页岩油的技术可采量仅为90亿桶，相差甚远。

根据部分石油生产商的看法，澳大利亚与美国具有相似的地上因素，澳大利亚有可能会成为除美国以外最高产的页岩油生产国。需注意的是，对于地下资源所有权问题，加拿大与美国不同。无论如何，根据私营企业对南澳大利亚阿卡林加盆地（Arckaringa Basin）页岩油资源的估算，地下页岩油储量高达2330亿桶（The Telegraph，2013），可与加拿大的油砂储量以及沙特阿拉伯的常规石油储量媲美。相比起来，美国能源信息署就显得极其保守，估算整个澳大利亚的页岩油储量仅为180亿桶（2013a），尽管只将技术可采资源考虑在内。

计划在石油产业中吸纳外资而于近期进行的"墨西哥能源改革"已经将该国北部地区的页岩油开发作为目标之一。墨西哥的页岩油在世界上排名第八，美国能源信息署（2013a）预测墨西哥的页岩油为130亿桶。得克萨斯州南部的伊格福特油田发展迅猛，现已延伸至墨西哥，预计在2020年后将促进墨西哥石油供应量的增长。墨西哥国家石油公司（Pemex）已经钻探了几口水平探井并进行水力压裂，且计划2015年最多再钻75口井（油气杂志，2014b）。为了吸引国际投资者，墨西哥2015年对页岩油和常规石油找油区进行了竞价拍卖。

据美国能源信息署评估（2013a），俄罗斯拥有世界上最多的页岩油资源（750亿桶），预计其产油量将在2035年前达到80万桶/天（BP

世界能源统计年鉴)。尽管由于与乌克兰的争端,西方世界对俄罗斯实施了制裁,一些石油巨头仍渴望在巨大的巴热诺沃(Bazhenov)页岩油层进行投资。

由于政治原因,阿根廷页岩油开发已停顿几年。例如,阿根廷政府于2013年收购了西班牙的雷普索尔公司,因此国外投资者仍不确定是否在阿根廷进行页岩油投资。但是,有几家国际公司已经产生了兴趣,包括马来西亚国家石油公司(Petronas)和中国石化(Sinopec)。最近签订协议的是雪佛龙公司,雪佛龙将投资约15亿美元与阿根廷石油公司(YPF,阿根廷的国有能源公司)一同开发Vaca Muerta页岩油田——此油田被认为是世界上最大的页岩油田。随着页岩油开采的进行,技术进步也显而易见:据说,钻一口页岩油井的成本已从2011年的1100万美元下降到2014年的750万美元(经济学家,2014b)。阿根廷拥有页岩油资源共计270亿桶(美国能源信息署,2013a),同时还因几十年的石油产业经验而获得优势。

中国的常规石油产量非常高,页岩油资源多达320亿桶(美国能源信息署,2013a),但至少在2020年以前,中国的石油行业不会开始大规模的页岩油革命。地质情况复杂以及缺乏水力压裂所需的水资源等因素也让中国页岩油革命面临巨大挑战。即使如此,中国石油天然气集团公司(CNPC)已与几家大型且经验丰富的外国公司签订了协议,希望购买页岩油产业发展所需的知识和技术。英国石油公司(BP)(2014)预计2035年中国的页岩油产量将略高于60万桶/天。

欧洲的页岩油革命裹足不前,主要是因为环境原因。法国拥有近

## 油价真相

50亿桶页岩油，是欧洲页岩油资源最丰富的国家（美国能源信息署，2013a），但已禁止了页岩开采活动，尽管其原因可能与石油无关，如采取阻止页岩气开采的措施是为了防止核领域投资资本耗失。欧洲人口密度大，环境敏感性高，这也可能使欧洲在页岩油革命中落后。此外，大多数欧洲国家，地下所有权属于国家，这意味着土地所有者缺乏允许采油商在其土地钻井的动机。最后，许多欧洲能源公司是国企，他们与美国的小型专业化能源公司的目标不同。但是，考虑到美国从页岩油革命中获得的优势（参见第7章），欧洲是否能长期抵制页岩油革命也是个待研究的问题。例如，波兰拥有33亿桶页岩油资源，在欧洲排名第二（美国能源信息署，2013a），目前已经在推进页岩油革命。据波兰财政部通知（2013），已在瓦尔米亚和马祖拉地区开始钻井。近期波兰还宣布了在国际上颇具吸引力的一揽子财政方案，不过其主要目的是鼓励页岩气开发，以减少对俄罗斯天然气的依赖。另一个例子是英国，英国是欧洲页岩气计划的先锋，尽管经历了法规上的阻碍，但预计这些计划仍会转移至页岩油资源——据美国能源信息署估算为7亿桶（2013a）。

由于缺乏与中东油田相关的必要信息，大多数资源评估将中东排除在外，但中东地区很可能存在丰富的页岩油。虽然中东地区的几个国家正在核实页岩开发的可能性，但对于专业从事页岩开发的企业来说，主要的阻力是国家垄断了探矿权，且合同条款没有吸引力（Mills，2014）。

根据上述讨论，页岩油革命的全球蔓延还需要时日，而且可能不会在全球各地同步展开。较为谨慎的能源专家目前认为，21世纪30年代前，页岩油革命不会产生明显的影响。不过，到那时，人们肯定不会忘记在过去十年里美国的页岩油开采是如何突然崛起和迅猛发展的。对于其他拥有大量页岩油资源的国家而言，我们不能排除他们会带来类似的惊喜。

例如，Wood Mackenzie（2014）预测，美国非常规石油开发的第三次浪潮可能会被北美以外的国家复制，并成为国际页岩油革命飞跃的起点。第一次浪潮主要发生在几个高产能的页岩气区带；第二次浪潮则集中在较小但经济合算的页岩油区带；第三次浪潮汲取了前两次浪潮的经验教训和先进技术，席卷各种各样的油气区带，包括成熟的和其他未充分开发的油气区带。分析表明，其他地区可以绕过前两次浪潮，以良好的开端启动页岩油工业。

## 2035年的革命：从根本上改变全球石油市场

目前的一切都是推测性的，因为针对的是遥远的未来。以下演算是为了估计页岩油革命和常规石油革命在国际上展开后可能产生的影响。我们采用类似Aguilera和Radetzki（2013，2014）提出的量化方法对这两场革命在2035年的情况进行预测。有趣的是，国际能源署（2014a）也简要提到了该方法及其影响，并假设性地指出，演算结果将对石油市场具有不同寻常的作用。我们选择2015—2035年这20年

## 油价真相

进行预测，因为在该时间段内我们能将演算结果合理地概念化和量化。同时，20年的时间对页岩油革命和常规石油革命的发展和成熟来说，也是足够的。如以下章节所述，我们是根据成本和价格假设（均按2013年的常币值）进行预测的。因此，尽管我们将2035年前的额外供应量称为"预测值"，但这些预测值实际上是在页岩油和常规石油革命活动仍然有利可图的情况下的演算值。

我们在参考案例计算中所做的最大假设是，到2035年，其他地区在开采其页岩油和常规石油时也会与美国从革命开始到现在一样取得成功。这意味着，与美国相比，其他地区页岩油和常规石油革命的开始要晚许多，步伐也慢许多。此外，该方法保守地忽略了美国将来会获得的所有成就。鉴于其他国家拥有大量的页岩油资源，而且也急切地想复制美国的成功经历，我们的假设可能偏于保守，但我们认为这些假设是合理的。我们也给出了更加乐观的方案。在高产量案例中，我们假设2035年其他地区的页岩油革命达到美国2016年的水平，而参考案例中假设的是达到美国2014年的水平。

对于常规石油革命，在高产量案例中假设美国的常规石油储量占比较参考案例稍低一些，因此，其他地区拥有更高的占比，这表示其他地区的产量更高。为了全面了解未来不同的情况，并考虑到世界其他地区在复制美国经验时面临的挑战（如上文所述），我们最后呈现的是较为悲观的低产量案例。在此案例中，假设其他地区的页岩油和常规石油开采达到美国较短时间内的水平，即只有过去六年美国页岩油和常规石油开采的经验。对关键假设感兴趣的读者可参考表11.1下

## 第11章 这两场革命会在全球展开吗

面的注释。未来石油需求、价格以及我们对形成市场均衡所需供应量的假设将在第12章中详细讨论。

表 11.1 参考案例、高产量案例和低产量案例中预测 2035 年其他地区页岩油革命和常规石油革命的情况时的关键假设

| 假设 | 参考案例 | 高产量案例 | 低产量案例 |
|---|---|---|---|
| 页岩油革命 | | | |
| 美国在世界资源中的占比[1] | 17% | 17% | 17% |
| 革命在美国发展的时间 | 10 年[2]<br>（2004—2014 年） | 12 年[3]<br>（2004—2016 年） | 6 年[4]<br>（2008—2014 年） |
| 常规石油革命 | | | |
| 假设 | 参考案例[5] | 高产量案例[6] | 低产量案例[7] |
| 美国在世界储量中的占比 | 2.62% | 1.85% | 2.62% |
| 革命在美国发展的时间 | 8 年<br>（2008—2016 年） | 8 年<br>（2008—2016 年） | 6 年<br>（2008—2014 年） |

注：1. 三次预测（参考案例、高产量案例和低产量案例）中，美国页岩油所占份额均假定为 17%（美国能源信息署，2013a）。

2. 页岩油参考案例假设其他地区将在 2035 年以前复制美国 2004—2014 年（10 年）的页岩油开发经验。

3. 页岩油高产量案例假设其他地区将在 2035 年以前复制美国 2004—2016 年（12 年）的页岩油开发经验，即与参考案例相比多了 2 年。

4. 页岩油低产量案例假设其他地区将在 2035 年以前复制美国 2008—2014 年（6 年）的页岩油开发经验，即与参考案例相比少了 2 年。

5. 常规石油参考案例假设其他地区将在 2035 年以前复制美国 2008—2016 年（8 年）的常规石油开发经验，且美国的储量占比为 2.62%（BP 世界能源统计年鉴）。

6. 常规石油高产量案例假设其他地区将在 2035 年以前复制美国 2008—2016 年（8 年）的常规石油开发经验，但美国的储量占比为 1.85%（美国能源信息署，年报，b），即与参考案例相比，其他地区的储量占比更高。

7. 常规石油低产量案例假设其他地区将在 2035 年以前复制美国 2008—2014 年（6 年）的常规石油开发经验，即与参考案例相比少了 2 年，且美国的储量占比为 2.62%（BP 世界能源统计年鉴）。

如果石油价格在较长一段时期内维持在57美元/桶（2015年上半年的平均价格），则有必要复述一下我们所预测的全球革命的影响。世界各地页岩油的保本价格肯定会有很大的不同，即使在单独的油气区

**油价真相**

带内也是如此，因此，价格较低时，部分成本较高的潜在页岩油储量将无利可图。此外，在低价环境中筹集资本的能力对一些国家也是一个挑战。但是，如下一节所述，世界各地页岩开采的成本其实低于通常假设的成本。而且，随着许多技术得以改进（如第8章所述），开采成本也有可能下降。最后，我们可以断言，2015—2017年的油价不会比57美元/桶低很多；相反，由于石油需求的增加，油价预计会在短期内处于较高的水平。因此，即使价格下降，我们在参考案例中的预测也保持不变，因为按照假设的未来几年的油价水平，在全球革命中产生的长期石油供应量大部分将能带来经济效益。但是，如果有几年的油价下降到50美元/桶以下，那么资本投资将受到限制，从而延迟这两场革命在全球的爆发和蔓延。

**全球页岩油革命**

在全球页岩油革命结果的预测中，成本和价格至关重要。因此，在此阶段有必要考虑美国和其他地区的开采成本。我们在第7章中指出，正在开采的页岩油资源的成本一般低于加拿大的油砂或巴西超深海原油。更具体地说，油价在40美元/桶与70美元/桶之间时，美国的页岩油在经济上具有可开采性，其中巴肯、伊格福特和二叠纪盆地更高品质的油气区带更接近开采的经济下限。巴肯的部分区域甚至在油价低于30美元/桶的情况下开采仍有利可图（Fattouh，2014）。页岩气中的液体开采非常便宜，按等值石油换算，相当于每桶10美元到40美元不等。

## 第11章 这两场革命会在全球展开吗

在大部分分析中，绘制供应量曲线时并未考虑美国以外地区的页岩油，这可能是因为以前对全球页岩油的未来还不太看好。但是，IHS（2014c）提供了北美地区以外几个国家的页岩油保本价格。尽管一些评论家猜测在其他地区开采页岩油成本过于高昂，通常被认为是美国开采成本的好几倍，但据IHS估算，大部分地区的开采成本与美国处在同一水平。IHS是一家卓越的咨询公司，专注于能源经济已有多年，我们认为其估算的开采成本是合理的。以下保本成本为平均值：俄罗斯约65美元/桶、阿根廷低于50美元/桶、中国75美元/桶、北美100美元/桶、墨西哥60美元/桶、澳大利亚85美元/桶、哥伦比亚95美元/桶、巴西90美元/桶。同时，IHS还提供了每个国家的成本上下限，预测的下限值均稍高于50美元/桶。上限值最高的是俄罗斯，约为200美元/桶。部分国家的开采成本估算可能反映出这些国家相对较浅和有利的开采条件（如阿根廷Vaca Muerta的部分页岩地层），而另一些国家（如北美）由于地上和地下两方面的因素，其开采成本估算较高。

在量化预测中，我们假设这些平均成本是实现参考案例的必要成本。但是，页岩油的开采成本有可能随着时间的推移而发生变化。成本会受到技术发展、地质条件、地层深度、服务业可获性、财政制度和基础设施邻近性等因素的影响。过去几年中，北美地区因技术创新和作业方法改善而节省了大量成本，这种现象有望持续。对于拥有大量页岩油资源的其他地区，他们的钻井和水力压裂相关技术势必也会得以改进，从而降低开采成本。因此，我们需对能体现技术进步产生的成本降低效应的开采成本进行长期估算。

## 油价真相

表11.2展示了选定国家2014年的页岩油开采成本（基于IHS，2014c），以及我们预测的2035年的页岩油开采成本。在一个方案中，将技术改进的年比率假定为1.5%，与过去几年在上游石油产业内观察到的年比率基本相符，而在另一个方案中，将技术改进的年比率更乐观地假定为3.0%。举例来说，哥伦比亚拥有接近70亿桶的页岩油（美国能源信息署，2013a），在2035年以前每年1.5%的综合技术改进将会使成本从2014年的95美元/桶下降到2035年的69美元/桶。尽管在整个时间范围内假设的技术改进年比率维持在1.5%，但在现实中，该比率肯定会因许多因素而产生波动。在开发的早期阶段，技术改进通常较为缓慢，因此前几年的开采成本较高。但是，随着经验的积累，包括试错法的实施、研发投资的加大等，开采知识和技术都会得以改进，在随后几年里，开采成本下降的速度也会变快。

表11.2 美国以外地区页岩油开采成本❶（2014年和2035年，美元/桶）

| 国家/地区 | 2014年 | 2035年（每年降低1.5%） | 2035年（每年降低3.0%） |
| --- | --- | --- | --- |
| 俄罗斯 | 65 | 47 | 34 |
| 阿根廷 | 50 | 36 | 26 |
| 中国 | 75 | 55 | 40 |
| 北美地区 | 100 | 73 | 53 |
| 墨西哥 | 60 | 44 | 32 |
| 澳大利亚 | 85 | 62 | 45 |
| 哥伦比亚 | 95 | 69 | 50 |
| 巴西 | 90 | 66 | 47 |

注：❶假设2014年的成本比表11.2中所示的2014年页岩成本低10%；预估2035年的成本时，在一个情境中假设技术进步（即成本缩减）为每年1.5%，在另一个更乐观的情境中假设技术进步为每年3.0%。

## 第11章 这两场革命会在全球展开吗

历史经验表明，采油公司将迎接挑战，开发出全球页岩油革命所需的技术。在一些情况下，页岩油的开采成本已经下降到可与常规石油成本相比的水平。这适用于从海上油田开采常规石油比开采页岩油成本更高的国家，如美国和少数其他国家。

考虑到年成本缩减率为1.5%那一列中各个国家（尤其成本缩减较快的国家：俄罗斯、阿根廷、中国、墨西哥和澳大利亚）的成本发展状况，我们是基于油价在较长的时间内未下降到60美元/桶以下来对页岩油革命的参考案例供应量进行预测的。但是，油价低于该水平时，大量的页岩油仍将具有经济效益，如表11.2所示，有几个地区的开采成本将在2035年低于60美元/桶。如前所述，短期的波动，如2015年初油价下跌到50美元/桶以下，不会严重影响我们的预测。根据表11.2最后一列中的成本，乐观的高产量案例预测要求油价保持在40美元/桶以上。由于这些国家拥有大量的页岩资源，当成本低于上述平均值时，只要油价仍分别保持在或高于60美元/桶和40美元/桶，我们对参考案例和高产量案例的预测就可以实现。

现在是时候介绍我们对2035年以前全球页岩油产量的预测了。如表11.3所示，我们首先对2004—2014年美国的页岩油产量进行了汇总。根据美国能源信息署的预测（2013a），美国的页岩油资源占全球的17%，并在这十年里，美国的页岩油产量大幅提升了约390万桶/天（美国能源信息署，2015a）。

那么，假设其他地区2015—2035年的页岩开采像美国2004—2014年一样成功，只是延迟了11年，并以美国一半的速度发展。尽管这可

## 油价真相

能低估了全球的页岩油前景,但2035年其他地区的页岩油产量仍会达到1950万桶/天,这是参考案例。供应量增加的重要性可用许多方式衡量,但增量是引人注目的。我们预测,其他地区20年内页岩油产量的增长为1950万桶/天,几乎与过去20年全球所有石油产量的增长(2160万桶/天)相当。

此产量预测是以美国能源信息署评估(2013a)的美国在全球页岩资源中的占比为基础的。必须再次强调的是,本研究未纳入一些有可能富含页岩油的地区,尤其是中东地区。因此,如果"世界总量"实际是指全世界的话,那么所报告的美国17%的占比实际上应低得多。此外,其他地区的页岩资源增长速度将很有可能大于美国,因为前者的页岩资源开采才刚刚开始。

表11.3 2035年前其他地区页岩油影响推测(参考案例,百万桶/天)

| 全球2014年产油量 | 20年全球增长(1994—2014年) | 美国的页岩油占比,美国能源信息署(2013a) | 美国10年的页岩油产量增长(2004—2014年) | 其他地区20年的页岩油产量增长(2015—2035年) |
| --- | --- | --- | --- | --- |
| 88.7 | 21.6 | 17% | 3.9 | 19.5 |

如果我们对2035年前其他地区页岩油产量增长进行相同的推测性演算,但假设其他地区在2035年前能复制美国2004—2016年(与参考案例的2004—2014年相比时间更长一些)的成功经历且产能增长比参考案例更快,那么其他地区的页岩油产量预计将会增加2320万桶/天。此数字(高产量案例)比1994—2014年20年间全球产油量的增长还多150万桶/天。就此而言,我们的预测似乎真的具有革命性。

第11章 这两场革命会在全球展开吗

## 全球常规石油革命

　　如第9章所述，一场无声的常规石油革命正在北美和世界其他地区发生。尽管常规石油革命主要涉及产量正在衰退的成熟油田，在一定程度上是为了提高常规石油的采收率，但是常规石油革命发生的主要原因是采油技术的改进——水平钻进和水力压裂相结合促成了页岩油革命。常规石油革命相关的开采成本与其他提高原油采收率法相当，据国际能源署评估（2013a）为20~80美元/桶，稍低于页岩油的开采成本。其原因至少有三：第一，世界各地对常规石油项目已经有大量的投资。第二，常规石油油床的深度通常浅于页岩，钻井成本更低。第三，常规石油层的长度一般小于连续的页岩层。因此，水平分支井不会太长，水力压裂级数也更少。尽管本章未分别按照各国特点预测其开采成本，但我们依据以上三点原因在表11.4中简单地进行了假设——常规石油革命的成本比前文（表11.2）所列页岩油革命成本低10%。鉴于常规石油革命与页岩油革命采用的技术相同，但是常规石油革命的规模要小一些（如前文所述），因此上述假设是合理的。当然，表11.4还远不够详尽，因为许多参与常规石油革命的国家没有纳入统计。如第9章所述，油田成熟、石油储量高的国家将从页岩油开采技术的应用中获益最大。不过，此表还提供了具有代表性的成本范围，适用于那些被忽略的国家。

## 油价真相

表11.4 非美国地区在常规石油革命中的开采成本 ❶（2014年和2035年，美元/桶）

| 国家/地区 | 2014年 | 2035年（每年降低1.5%） | 2035年（每年降低3.0%） |
|---|---|---|---|
| 俄罗斯 | 59 | 43 | 31 |
| 阿根廷 | 45 | 33 | 24 |
| 中国 | 68 | 49 | 36 |
| 北美地区 | 90 | 66 | 47 |
| 墨西哥 | 54 | 39 | 28 |
| 澳大利亚 | 77 | 56 | 40 |
| 哥伦比亚 | 86 | 62 | 45 |
| 巴西 | 81 | 59 | 43 |

注：❶ 假设2014年的常规石油开采成本比表11.2中所示的2014年页岩油开采成本低10%；对2035年的常规石油开采成本进行预估时，假设一个情境中的技术进步（即成本缩减）为每年1.5%，另一个更乐观的情境中的技术进步为每年3.0%。

为了获得采用革命性技术后2035年全球石油总量，页岩油开采方法普及到传统石油开采后增加的常规石油产量须纳入页岩油的产量增量中。正如我们对页岩油产量的演算一样，常规石油革命参考案例供应量的预测是以油价在较长时间内未大幅下降到60美元/桶以下为前提的。高产量案例中供应量的增加是以油价不低于40美元/桶为前提的。各个国家均能以低于上述价格获得足够的常规石油，因此只要油价分别保持在60美元和40美元以上，我们在参考案例和高产量案例中对供应量的预测就能实现。

在以相似的方式预测页岩油产量时，我们假设其他地区的常规石油产量能像美国一样，通过采用页岩油开采方法而得以提升（如表11.5所示）。我们已经指出，美国的常规石油开采量正在回升，尽管目前回升程度不大。常规石油产量回升的主要原因是页岩油开采方法应用于常规石油开采。2008—2014年，美国的常规石油产量从430万桶/天小幅增至450万桶/天，且美国能源信息署（2014a）预测2016年以前将达到490万桶/天。因此，2008—2016年的增量超过了50万桶/天（有舍入差异）。现在假设其他地区将在2035年以前成功将页岩油开采技术应用于常规石油开采，就像美国2008—2016年的情况一样，但实现速度是美国的一半。这意味着其他地区将在2035年以前实现1970万桶/天的常规石油产量增长，接近2014年全球产量增长的四分之一，相当于1994—2014年20年间全球石油产量的增长（2160万桶/天）。此参考案例是按照美国探明储量（而非资源储量）占比2.62%（BP世界能源统计年鉴）进行预测的，因为页岩油开采方法最适用于探明储量，例如在成熟油田发现的储量。

表 11.5　页岩油开采方法普及后其他地区2035年前常规石油产量增长推测（参考案例）　　单位：百万桶/天

| 2014年全球石油产量 | 20年全球增长（1994—2014年） | 美国石油储量占比（BP世界能源统计年鉴） | 美国8年的常规石油产量增长（2008—2016年）[1] | 其他地区20年常规石油产量增长（2015—2035年） |
|---|---|---|---|---|
| 88.7 | 21.6 | 2.6% | 0.5 | 19.7 |

注：[1]2015年和2016年的产量基于美国能源信息署的预测（2014a）。

常规石油革命的高产量案例中，我们计算时假设美国在世界常规石油储量中占比较低（1.85%），如美国能源信息署所报告（年报，b）的那样。考虑到美国的常规石油革命处于开始阶段，未来几年常规石油产量可能出现大幅增长，因此高产量案例可能比参考案例更

## 油价真相

接近于现实。此外,由于世界各地都在开采常规石油,并且积累了将页岩油开采技术应用于常规石油开采的经验,因此其他地区在开展常规石油革命时准备更为充分。事实上,许多国家已经在某种程度上开始在成熟常规油田中应用创新的页岩油开采技术(参见第9章)。因此,如果假设世界其他地区在未来20年开采常规石油(美国能源信息署,年报,b)像美国2008—2016年间一样成功,那么其他地区常规石油产量将在2035年以前增长2810万桶/天。相比之下,该预测值几乎是2014年全球石油总产量的三分之一。

如果将页岩油革命和常规石油革命结合起来考虑,那么在2035年以前,参考案例中的石油产量增长将达到3900万桶/天,高产量案例中的石油产量增长将达到5100万桶/天。以高产量案例的增量来看,比石油输出国组织2014年的产油量高出2000万桶/天,与过去50年(即从1965年到现在)全球产油量的增长相去不远。页岩油革命和常规石油革命一旦成功,必定会带来丰富的石油资源,与过去几十年石油匮乏的情况形成鲜明的对比。如果我们的预测(尤其是高产量案例)能够实现,那么未来20年石油产量的变化将是革命性的——彻底改变全球石油市场的格局。

## 革命未能展开

在这些乐观的看法之后,现在我们转向较悲观的低产量案例。如果密切关注石油市场的媒体报道,人们认为页岩油革命和常规石油革命可能不会在全球展开的原因就显而易见了。这些原因大部分与本章

## 第11章 这两场革命会在全球展开吗

前面所述的情况有关——美国页岩油气繁荣取决于其得天独厚的优势。如果其他国家复制美国经验时面临的困难无法克服，这两场革命的影响将会被大大削弱。但2015年初，石油价格成为媒体报道的焦点，媒体认为油价对美国和其他地区的页岩油供应前景起着决定作用。如果油价下降是趋势，并且如几位分析家所声称的，当油价为50～70美元/桶（2015年上半年油价水平）时，页岩油产量不会增加，那么我们前面的预测就过于乐观了。没有了全球页岩油革命，常规石油革命也将以失败告终。对于控制石油开采成本所面临的挑战，我们需要注意的是，技术进步不会随着时间的推移而自行发生；大量的投资当然也是必不可少的。如果没有进一步的技术创新，页岩油开采中遭遇的挑战（如采收率急剧下降）有可能抬高开采的长期成本，从而对革命产生严重阻碍。同时还需要重复的是，石油开采技术日新月异，在降低成本方面颇具潜力。低油价可能有双重作用：一方面，抑制投资，从而推迟革命。另一方面，可能激励参与者采取更有力的行动来提高产能和降低成本。

上述因素会导致低产量案例中的计算结果更加不突出。在低产量案例中，我们同样采用前面的方法，但是假设其他地区在2035年前可以复制美国六年（其他案例中时间范围较长）的经验。这表示，在六年后其他地区才会经历革命到目前为止在美国造成的影响。在低产量案例中，2035年其他地区页岩油产量为300万桶/天，常规石油产量为450万桶/天，这些数据与其他案例相比黯然失色。

三个案例的结果比较见表11.6。

## 油价真相

表 11.6 2035 年前其他地区页岩油革命和常规石油革命的影响推测
（参考案例、高产量案例和低产量案例） 单位：百万桶/天

| 页岩油 | | | 常规石油 | | | 合计（页岩油+常规石油）❶ | | |
|---|---|---|---|---|---|---|---|---|
| 参考 | 高产量 | 低产量 | 参考 | 高产量 | 低产量 | 参考 | 高产量 | 低产量 |
| 19.5 | 23.2 | 3.0 | 19.7 | 28.1 | 4.5 | 39.2 | 51.4 | 7.5 |

注：❶ 合计值反映了舍入差异。

这些推测性的演算究竟有没有意义？在我们看来，哪怕没有其他用处，它们至少对突破性技术得以应用后可能出现的情形提供了有用的看法和观点。这一切有点像科幻小说，而我们自己也对结果感到诧异，但这些结果都是完全基于对未来较长一段时间内理性和合理的推测。我们会不会是率先对已经明确的发展趋势进行仔细考虑并提出观点的人呢？

考虑了未来所有的不确定因素之后，我们认为，其他地区页岩油革命和常规石油革命的实际情况最有可能介于参考案例和高产量案例之间。由于制度框架已经建立，产油量有可能在2020前出现适度增长，但在2020年后会加速增长。我们承认我们有可能过于乐观了，但从历史上来看，新的思路在很多时候能够超越传统观点，给人们带来惊喜，这些新思路不受制于常规，更接近于未来的实际结果。有时候，新思路也会乐观过头；因此，我们给出了低产量案例，以防万一。

# 第 *12* 章
# 长期油价大幅下跌即将来临

本章采用一个简单的模型来对页岩油革命和常规石油革命后油价下降的幅度进行评估。除非另有规定，否则所有价格和成本值均是2013年的常币值。简而言之，参考案例中2015—2035年油价将下跌40美元/桶左右，即从2011—2014年记录的约100美元/桶的平均价格下降至60美元/桶。油价下降的主要原因是石油供应量的大幅增长。高产量案例预测2035年前油价下跌更多，达60美元/桶，即从100美元/桶下降到40美元/桶。尽管预计油价在2015年初下降到50美元/桶后会出现反弹［据美国能源信息署4月的预计（2015a），2016年布伦特平均油价在70美元/桶以上］，但如果油价未回弹至100美元/桶，我们预测的长期油价下跌的幅度显然不会太大。此外，即使油价随时间推移呈下滑趋势，也可能会在短期内继续出现大幅波动。

页岩油革命和常规石油革命取得成功后，最重要的影响大概是造成全球油价大幅下跌。

丰富的页岩油资源和先进的技术是近年来美国产油量快速增长的重要原因。2005年以来，国际油价急速上升，进一步刺激了革命的开展。但是，根据经济原理，如果油价过高，将促使石油开采商去开发那些开采成本更高、更难开采的石油资源，以增加石油供应量，同时促进降耗技术研发的投资，这反过来又会为价格崩盘埋下种子。随后几年里，供应量增加了，而价格却下降了。正是这一系列的事件很可能使油价在未来几十年里下跌。

本章，我们采用一个简单的模型来对页岩油革命和常规石油革命后油价下降的幅度进行评估。除非另有规定，否则所有价格和成本值均是2013年的常币值。简而言之，第11章中的参考案例演算结果是在2015—2035年之间油价将下跌40美元/桶左右，即从2011—2014年记录的约100美元/桶的平均价格下降至预测时期结束前的60美元/桶。油价下降的主要原因是这些年石油供应量的大幅增长。高产量案例预测2035年前的油价下跌更多，达60美元/桶，即从100美元/桶下降到40美

**油价真相**

元/桶。尽管预计油价在2015年初下降到50美元/桶后会出现反弹〔据美国能源信息署4月的预计（2015a），2016年布伦特平均油价在70美元/桶以上〕，但如果油价未回弹至100美元/桶，我们预测的长期油价下跌的幅度显然不会太大。此外，即使油价随时间推移呈下滑趋势，也可能会在短期内继续出现大幅波动。

相比之下，大多数分析家一致认为油价将会上涨。美国能源信息署《国际能源展望》（2014b）和国际能源署《世界能源展望》（2014a）对油价的预测就是很好的例子。他们分别预测，油价将在2035年以前持续走高，达到130美元/桶和128美元/桶。与我们的看法相比，这两个官方机构持不同观点的主要原因是他们认为石油供应量的增长将是微不足道的。不用说，在我们的分析中，油价对未来世界经济、政治活动和气候稳定的影响也是大为不同的。相关内容见本章之后的本书第三部分。

尽管在前面章节中几乎没有提及天然气，但在美国，正是天然气开发使页岩油革命成为可能。事实上，随着非常规天然气产量从2006年起快速增长，美国的页岩油革命开始爆发，2000年前后美国天然气价格的暴涨则是重要推手。几年以后，随着油价的上涨，页岩油也跟上了天然气的步伐。页岩气和页岩油涉及的技术基本上是相同的，包括水平钻进和水力压裂。

鉴于石油、天然气和其他能源资源的市场是相互依赖的，我们将在本书最后一部分评估石油革命对其他能源形式的影响。

# 第12章 长期油价大幅下跌即将来临

## "低油价案例"

尽管由于石油供应量增长趋于饱和、边际成本逐步增加且经济不断迅速增长（从而造成石油需求量增加），大多数进行长期预测的能源机构在参考案例中假设油价在遥远的未来会逐步上涨，但是在他们的报告中也通常会有低油价案例。虽然在预测者看来因供应量高于预期而导致油价被压低的可能性很小，但他们还是会将低油价案例作为一种可能性轻描淡写地纳入报告中。除了最可能的参考案例外，他们一般还会给出高油价案例。高油价案例不是用于预测，而是为了满足供需预测时合理的价格假设的需要。历史经验表明，未来是难以预测的，实际油价通常与案例中设想的相去甚远。同时，价格假设每年都会修订。例如，国际能源署（2008）对2030年油价的假设为210美元/桶（名义价格），而国际能源署（2014a）对2030年油价的假设则为181美元/桶（名义价格）。

根据我们给出的低油价案例，美国能源信息署和国际能源署可以深度探索低油价的可能性。美国能源信息署（2014b）在低油价案例中假设边际油田的开采成本下降，且亚洲的石油需求小于预期，这要归咎于经济增长不尽如人意。由于油价下跌，2035年以前约为73美元/桶，边际项目（来自深海油田、北极圈、加拿大油砂和页岩等的石油）因商业不可行性而未被开发。但是与美国能源信息署的参考案例相比，预计该案例中的石油供应量会略高。考虑到快速的供需反应，

## 油价真相

油价被假定为保持平稳，波动较小。

在年度展望中，国际能源署介绍了低油价案例——假设实行强硬的气候政策，石油需求将下降，油价将降低，从而导致开采成本高的石油资源得不到开发。国际能源署（2014a）在低油价案例中预计油价将在2035年前下降到约100美元/桶。但是，在其2013年的报告中，国际能源署（2013b）给出了另一低油价案例，未将油价的降低归咎于需求的下降。相反，该案例中几个产油国的石油产量有可能超过预期。美国的页岩油就是示例之一，此外还有加拿大的油砂——虽然目前面临着管线输送能力有限的问题，但产量具有上升潜力，尚存争议的将油砂运送至美国的Keystone XL管线以及将油砂运送至加拿大西部和东部的其他拟建管线正待开发。如果财税条款得以改善，能吸引到更多的外商投资，那么墨西哥、委内瑞拉、巴西、俄罗斯以及非洲和中东几个国家的石油产量也会超过预期。在该低油价案例中，油价将在2035年前下降到80美元/桶左右，因此，与国际能源署的参考案例相比，石油需求将会增加。但是，国际能源署也承认，当油价为80美元/桶时，那些石油开采相对困难的国家会面临不利条件。

即使革命发生后石油供应量没有增长，我们也可以很容易地编制一个低油价案例。我们的前提是，资源诅咒、国有制的低效和政府贪欲是过去几十年油价大幅上涨的主要原因。现在来看，不管多困难，这三个缺陷可以通过某种方法奇迹般地克服。然后，石油产量增加，开采成本降低，将确保长期油价为60美元/桶或更低。

我们可以推测，美国能源信息署和国际能源署的油价预期由许多因素决定，包括政治考量。但是，关于未来石油市场将以何种方式和多高油价来实现供需平衡这个复杂的问题，他们的报告中没有给出必要完整的信息。一些问题没有做出说明，而其他一些问题（如石油输出国组织的影响）则处理得比较机械。

读者可能对从理论上解决市场平衡问题的复杂技术分析不感兴趣，而我们是否有此分析能力也是个未知数。除了预估短期石油供应量外，还需要几个其他假设，如随着经济增长（收入弹性）、世界经济结构的改变以及气候政策的变更，石油需求量将发生怎样的变化。因此，我们转而以极为简要的方式分析了页岩油和常规石油革命对油价的影响。

## 短期和长期油价的决定因素有哪些

基本的微观经济学原理概述对理解油价的形成及其随时间的涨跌是非常有用的。本节主要摘录了Tilton（1992）的分析，他的分析涵盖了常见矿物产品的经济情况。之后我们将分短期和长期进行阐述，短期定义为新的石油产能还未实现的时期，而长期是指产能提升不受限制的时期。因此，从长期来看，我们可以研究油价形成的过程，因为这两场革命会使总产能大幅增加。

对于不受监管、竞争合理的市场，油价以及任何其他商品的价格基本上都是由短期供需曲线的交叉点上确定的。图12.1中，如果S和

**油价真相**

$D_1$ 分别代表供应曲线和需求曲线,则价格将在 $P_1$ 确定。所有不受监管的竞争性市场均按此方式运转,石油也不例外。短期内,生产能力是固定的,供应曲线反映了现有采油单位的可变成本水平(按升序排列)。如果自然优势大、管理效率高或固定成本比例高,那么可变成本水平就会较低,反之亦然。

只要油价涵盖了可变成本,产能就会付诸于生产。图12.1中,需求曲线从 $D_1$ 向右移动到 $D_2$ 表明石油需求增长,需要雇佣额外的采油单位,而由于这些采油单位的可变成本更高,将把油价抬升至 $P_2$。发生这种变化可能是因为一年内经济出现持续增长、商业状况周期性回升造成日常消费需求和用户库存需求增大,或者仅仅是因为有人预测油价即将上涨(不管是理性还是非理性的预测),导致投机性库存需求激增。

与此类似,当供应曲线向左移动时,将造成油价上涨(未在图12.1中显示),因为如果发生战争、罢工或重要生产装置因意外无法启动,部分现有的供应能力将无法实现。

当产能利用水平较低时,短期供应曲线趋于相对平直,而供应的价格弹性(定义:价格变化1%时供应量变化的百分比)将较高。随着产能利用率接近百分之百,供应曲线的斜率将变得越来越大,即供应的价格弹性会下降。然后,产量的增长更难满足需求量的增加,导致价格反应加剧,在图中表现为需求曲线从 $D_2$ 移至 $D_3$。产能全部得以利用时,短期供应曲线变得垂直。

# 第12章 长期油价大幅下跌即将来临

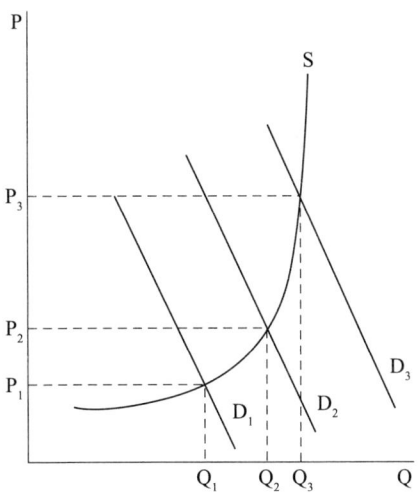

**图12.1 短期价格确定**
资料来源：摘自 Radetzki（2008）

当现有产能完全被利用时，油价通常会上涨，进一步吸引扩大产能的投资，由此带来的产能增加将使新的短期供应曲线向右延伸。但是，由于长期被定义为时间长度足以容许产能变化的时期，因此产能变化是确定长期油价的部分因素。

图12.2为长期油价的分析提供了依据。与短期油价一样，长期油价是通过供应曲线与需求曲线的交叉点来确定的。但是，长期供应曲线与短期供应曲线有所不同，由于从长期来看，产能是可以变动的，因此长期供应曲线反映的是不同时间点和不同全球产量水平（同样按升序排列）下边际单位的平均总成本。该曲线首先上升，反映了有限的低成本地下石油资源，然后逐渐趋于平直。曲线变平的基本原理是，经济上可开采资源在成本水平较高时趋于变得愈加充足。

**油价真相**

随着长期石油需求量增大,开采成本可能上升,但是由于降成本技术的改进,整条供应曲线将呈现向下走的趋势(未在图12.2中显示)。两个作用力——成本上升(为了满足增长的需求而不得不利用更昂贵的边际资源所致)和降成本技术改进(使整条曲线向下走)——可能会相互抵消,所以在成本不变的情况下供应量有可能出现增长。过去100年的历史经验表明,技术进步在大多数时候会占据上风,因此在增加产能的边际项目中,能以更低的总成本开采更多各类资源。此外,与我们的考虑高度相关的是,当价格足够高时,可以获得备用资源,甚至可能实现以不变的成本进行无限制的供应。须注意的是,无论需求水平或需求增长速度如何,平直的供应曲线表明均衡的价格水平将保持不变,因为在曲线涵盖的长期范围内,有足够的时间对产能进行调整。

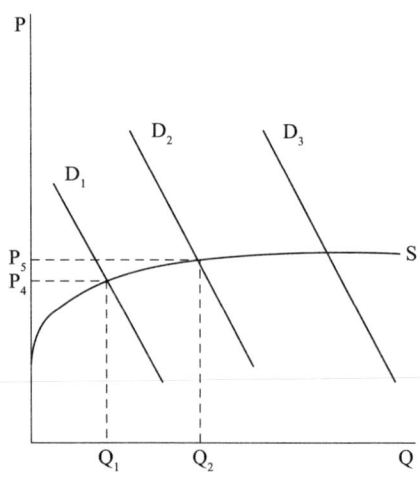

图12.2　长期价格确定
资料来源:摘自 Radetzki(2008)

实际的油价设定只出现在图12.1所示的短期中。相比之下，长期价格是概念上的手段，反映了市场价格在各时间点的走向。扩产的投资强度可以对其原因做出解释。如果市场价格处于图12.2中供应曲线平直段所代表的长期均衡水平（即图12.1中$P_3$的水平）以上，将对投资产生强烈的刺激作用，而产能扩大后将使油价朝着长期均衡水平下降。相反，如果市场价格低于前面定义的长期均衡水平（如图12.1中$P_1$的水平），投资将被抑制，产能扩充将低于需求，而价格将朝着长期均衡水平上升。市场价格与长期均衡价格之间的差异越明显，可能投资者的反应就越强烈，后续的价格调整力度就越大。

从前面几段分析中得出的简要结论对价格分析可能有指导作用，但其精确性还未经实践检验。我们必须警示的是，在现实中，需求和供应曲线均不够明确和稳定，因此难以运用于定价。

我们需要考虑的是2035年前的长期油价，因此图12.2是我们关注的焦点。第11章的参考案例中，我们在合理假设的基础上证明，由于页岩油革命和常规石油革命，到2035年，我们将能以不超过60美元/桶的总成本（包含资本收益率）获得巨量的石油。这表示，石油供应将通过"备用"资源实现（如图12.2供应曲线平直部分所示），60美元/桶（$P_5$）的油价足以满足任何可能的需求水平——甚至是锐减或锐增的需求。这是我们断言油价将从2014年的100美元/桶左右降至2035年的60美元/桶的理论基础。第11章乐观的高产量案例中，我们预测到2035年，与这两场革命相关的石油开采成本大约为40美元/桶，这是因为我们认为产能提高的前景较为乐观，新边际项目的总成本将降至这

**油价真相**

一水平。因此，充足的供应量增长（如供应曲线平直部分所示）将确保长期油价维持在40美元/桶。

## 对其他能源形式的影响

尽管本书的重点是石油及油价，但本节将讨论页岩油和常规石油革命（及其导致的长期价格下跌）对其他竞争性能源产生的影响。在探究未来之前，我们有必要简要地介绍一下能源的历史转变。

各种能源为市场份额相互竞争，占据有利的经济、技术、环境和地缘政治条件的能源最终胜出。1850年，工业革命以后，全球约80%的能源需求是由木材、农业废弃物和动物粪便满足的，余下则是煤炭（参见图12.3）。随后几十年，由于煤炭能量密度是木材的三倍多，煤炭的消费量大幅增加。煤炭的市场份额在1912年左右达到顶峰，占全部能源的70%。此时，木材和其他固态能源的市场份额下降到22%。石油产业诞生于19世纪末，1920年，全球能源总需求约10%是通过石油来满足的。石油的市场份额在20世纪70年代达到顶峰——50%，但从未达到过木材或煤炭的高度。同样在20世纪70年代，天然气的使用开始上升，并在1980前占据了19%的市场份额。同时，在经历了几十年的连续下滑后，煤炭的市场份额稳定在26%。余下5%左右的份额大部分由水电和核能占据。

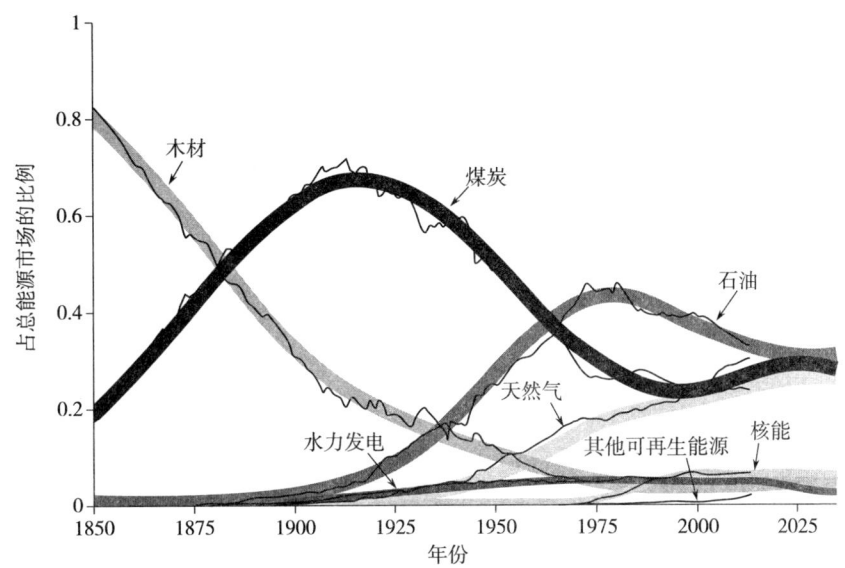

图12.3 世界主要能源构成（1850—2035年）
资料来源：摘自 Aguilera 和 Aguilera（2012）

2014年，煤炭和天然气的占比分别约为30%和24%，石油约为33%，余下的13%为水电、核能、风能和其他次要能源（BP世界能源统计年鉴）。大多数分析家预测未来能源主要为化石能源，2035年石油、天然气和煤炭将分别占总能耗的26%～28%（BP世界能源统计年鉴，2015）。在这些预测中，煤炭和石油的占比都在下降，而天然气却在增加。短期来说，增加的天然气使用量大部分将用于发电，因为在发电领域，天然气有很大的潜力抢夺煤炭的市场份额。长期而言，天然气与石油将在运输领域一较高下。天然气的快速增长并不令人意外，因为与其他化石燃料相比，天然气具有许多优势：地理分布广泛、购买成本低且对环境有益，例如，燃烧排放少于煤炭和石油。此

## 油价真相

外，世界各地均有大量的天然气。除了常规天然气资源外，非常规资源（包括页岩气）也有巨大的潜力。

如果2035年油价降至60美元/桶（如参考案例所述），那些最终用途（运输）与石油存在竞争关系的能源将受到最大的影响。例如直接与石油竞争的生物燃料，在没有补贴的情况下，其生产成本相当于80~150美元/桶油当量（国际能源署，2013a）。尽管随着其他研发计划的进行成本可能会下降，但与我们设想的低油价相比，生物燃料不太具有竞争力。这时，需要为生物燃料提供更多政策补贴，以确保其市场地位。

油价下降可能在一定程度上减缓天然气在运输行业的市场渗透，例如阻碍天然气汽车的商业可行性，但是，全球页岩油革命也有可能使天然气的价格降低。另外，天然气在发电行业还有很大的空间。亚太地区的发电尤其倚重煤炭，但如果天然气容易获得且价格实惠，他们也会很乐意改用天然气，特别是大城市需要减少污染时。

由于目前没有全球性的天然气市场，因此油价下降对天然气价格的影响更为复杂。较高的液化天然气运输成本、运输基础设施的匮乏以及贸易政策的限制是不同区域市场天然气价格差异巨大的原因所在。在区域市场中，北美地区最具竞争力，天然气价格大体上反映了天然气供需的基本面。欧洲和亚洲的天然气价格主要根据石油价格确定，可是液化天然气运输在天然气生产者与消费者之间建立了更紧密的联系，这些地区已经有不参照石油价格对天然气进行定价的迹象。美国天然气产量的增加使其进口需求大幅下降，并进一步促使液化天然气进口码头改建成出口码头。美国开始出口液化天然气，表明天然气供应出现剩余，必然导致所有区域市场的天然气价格下降，同时大幅提升现货价格的作用（Robinson和Qinhua，2013）。由于目前天然气价格与石油价格联动，石油价格下降也会使天然气价格下跌，但未来几十年，随着越来越多地区根据交易中心的价格进行天然气定价，天然气价格与石油价格的关联性将被削弱。

核能和可再生能源（如风能和太阳能）的开发通常是以气候稳定和能源安全为目的，主要用于发电。因此，只有电动车开始普及使用时，这些资源才会对石油形成威胁。我们认为，除非消费者支付的油价由于税收增加而保持在较高水平，或者政府严肃对待气候变化（气候政策参见第14章），取缔内燃机以促进电动车的使用，否则当油价降至60美元/桶时，电动车在可预见的未来很难具备竞争力。

石油不太可能重获电力行业的市场份额，因此，我们预计油价下降不会对可再生资源和核能在电力行业的使用产生重大影响。但是，由于全球天然气革命将使天然气价格更低，开发这些资源将变得更加昂贵。在美国，对可再生能源和核能的投资已经被天然气行业所取代（Newell和Raimi，2014）。

鉴于天然气与煤炭在作为燃料使用时可相互取代，最后我们绕个弯子，以全球天然气革命对天然气与煤炭之间竞争的影响来结束本节。随着全球天然气革命的成熟，世界各地天然气与煤炭的竞争可能与美国发生的状况相同。由于供应量的增加，美国天然气价格降低，这导致电力行业从使用煤炭大规模地转向使用天然气。截至2012年，

**油价真相**

天然气价格下降至与煤炭相当的水平（按等值能量换算），甚至低于煤炭价格。因此，美国煤炭市场做出调整：2007—2012年间煤炭出口翻了一倍以上，基本上出口至欧洲国家。于是，煤炭价格下跌，同一时期的煤炭产量下滑了12%（BP世界能源统计年鉴）。近期统计资料表明，美国2014年的煤炭产量比2007年下降了近15%。如果全球天然气革命成功开展，产生的第一个也是最重要影响将是造成北美地区以外区域市场的天然气价格从较高水平下跌。如果其他地区的情况与美国一样，则世界各地的煤炭生产商将面临来自天然气的更剧烈的竞争，从而导致煤炭市场萎缩和煤炭价格降低。开采成本较高的煤炭生产商将被迫停业。

PART 3

第三部分

# 对全球宏观经济、环境和政治的影响

# 第 *13* 章
# 对宏观经济和贸易平衡的影响

　　未来20年（到2035年），随着页岩油革命和常规石油革命的推进，石油价格将逐步下跌，并对全球宏观经济和贸易平衡产生影响。该章立足于石油革命带来的产能扩张及随后的价格抑制，评估此等影响。参考案例中，石油价格将实现40%的总降幅，年平均降价幅度为2.5%。这种变化幅度较低，不足以对宏观经济造成明显影响。低产量案例中，石油价格变动更小，对宏观经济的影响也会更小。高产量案例中，石油价格将在20年内下跌60%（平均每年下跌4.5%），这显然比低产量案例的影响要大。但是即使在高产量案例中，所带来的影响也会很小，难以单独分离进行测量。

在第2章中，我们用一个表格证实了石油在世界经济中的重要性，并提到石油的经济地位较高，石油价格的变动会带来重大的宏观经济反响，但是我们决定以后再对此进行阐述。现在我们要做的是理清这种关系。

过去几十年，已经发布了许多有关石油价格冲击与宏观经济关系的学术研究成果，同时国际组织——以国际货币基金组织和国际能源署为首——还做了一些大胆的分析。

我们的研究首先回顾了这些研究获得了哪些成果，以及哪些方面还不够明确。我们发现，这些研究和结论与我们关注的问题的相关性有限，同时我们解释了提出质疑的理由。最后，基于我们的预测——石油价格在未来20年将会大幅下降，但进程可能比较缓慢，我们就全球经济受此影响的程度进行了简短而直观的讨论。

**油价真相**

# 关于石油价格冲击与宏观经济研究的主要发现

James Hamilton在1983年的一篇文章中指出,自第二次世界大战以来,美国经济衰退之前通常会出现原油价格大幅上涨的现象(Hamilton,1983)。2005年,该作者再次提出这个观点,他认为1945年之后的美国经济衰退十次有九次是紧随在石油价格尖峰之后(Hamilton,2005)。根据其提供的数据,石油价格与经济衰退存在因果关系,经济衰退平均在石油价格变动九个月后出现。此外,该作者还进行了计量经济学研究,意图将石油价格对宏观经济的影响与其他干扰因素分开。这次研究为上述结论提供了有力支撑。Mork(1989)在Hamilton的基础上进行了进一步分析,有趣的是,他未能确定石油价格暴跌与GDP增长加速之间的对应关系,但发现石油价格上升和下落时,经济反应是不对称的。之后,除了美国以外,其他国家也在此分析的基础上研究了GDP变化之外的其他变量(如:通货膨胀、经常账户、就业等)所受的影响以及影响程度随时间的变化。但是,研究主要还是集中于石油价格上涨造成的影响。

尽管有上述扩展研究,人们还是普遍认为石油价格上涨对宏观经济的最大影响是抑制了经济增长。在石油进口国,石油价格的上涨会造成成本增加,从而导致GDP收缩、就业率下降和通货膨胀率上升。在这些方面,石油价格上涨类似于增加了销售税。

如果石油出口国快速将他们增加的收入花掉,那么全球GDP的负面效应可以被抵消。数据显示,石油价格上涨后,支出调整通常需要一定的时间,结果是,石油价格的暂时上涨会抑制全球储蓄的增加和全球流动资产的减少。

石油价格的大幅上涨会对其他能源的供应价格产生外溢效应,但是也会导致全球通胀率上升。特别是在20世纪70年代,通货膨胀被视为一种邪恶的咒语,通货膨胀发生时,通常会采取更具限制性的货币和财政政策来对其进行抑制。这样一来,进一步阻碍了石油进口国GDP的增长。

石油进口国经济所受不利影响的程度和持续时间取决于高昂石油价格的持续时间以及石油进出口国的调整灵活性。

虽然我们已经正确理解石油价格影响经济表现的机制,但是相互关系的具体动态和紧密程度还非常不确定。据定量估算,1973—1974年以及1979—1980年期间石油价格冲击对所有石油进口国宏观经济造成的危害差别很大。但是,影响的方向或重要性是毋庸置疑的:大部分石油进口国在石油价格尖峰后的一年或两年里,经济增长出现大幅下滑。

国际能源署、国际货币基金组织和经济合作与发展组织于2004年开展了一项颇有企图的联合研究,估算了国际石油价格从25美元/桶上涨至35美元/桶,或上涨40%或10美元/桶(接近2003—2004年的实际增长量)对石油进口地区及整个世界的影响,研究成果总结于国际能源署的《世界能源展望》(国际能源署,2006b)中。结果发现,在石油价格上涨的一到两年内,经济合作与发展组织成员国的GDP将损失0.4%,通胀率将上升0.5%,失业率将上升0.1%。随着全球非石

## 油价真相

油商品及服务的恢复,这种影响会在接下来的三年里开始缩小。估计在石油价格上涨后的一年里,石油进口发展中国家的GDP损失为1.6%(工业化国家的四倍),主要是因为发展中国家的经济灵活性更低、能源和石油强度更高、更依赖于石油进口。在价格上涨后的一年里,全球GDP至少会下降0.5%。石油出口收益增加对石油进口国的经济抑制将大大超出其对石油出口国的经济刺激。

国际货币基金组织于2005年做了一项研究(国际货币基金组织,2005),当时的石油价格在55美元/桶左右徘徊,采用了更大胆的方法(事后分析表明该方法非常现实)研究石油价格上涨至80美元/桶和120美元/桶时对宏观经济的影响。遗憾的是,模型实施的结果没有在研究中进行全面报告。

据国际货币基金组织分析,当石油价格上涨至80美元/桶时,经济合作与发展组织的GDP增长将下降0.50%~0.75%,通胀率将上升1%。发展中国家的GDP增长将下降1.0%~1.5%,尤其是贫穷国家,损失可能达到3%。如果石油价格继续维持在较高水平,增长下降将更严重。当石油价格上涨至120美元/桶时,美国GDP增长估计会损失2.3%,通胀率将从实际的2.7%(2003—2004年期间)上升至5%以上。

国际能源署和国际货币基金组织的数据可以与Hamilton(2009)的推断结果进行比较。表13.1总结了Hamilton关于五次石油价格冲击后美国GDP表现的研究结果。作者没有明确指出各个石油价格冲击时期内石油价格上涨的幅度,但是提供了在没有石油价格冲击情况下美国GDP增长的假想数据。石油价格冲击的影响可以通过实际增长率与"没有石油价格冲击情况下的增长率"之间的差异予以体现。Hamilton对影响的测量结果高于国际能源署和国际货币基金组织的评估结果，证实了影响的不确定性。

表 13.1 石油价格冲击后美国实际 GDP* 的增长（%/年）

| 时间 | 实际增长率 | 没有石油价格冲击情况下增长率 | 差异 |
| --- | --- | --- | --- |
| 1974—1975 年 | −2.5 | 2.3 | 4.8 |
| 1979—1980 年 | −0.4 | 2.5 | 2.9 |
| 1981—1982 年 | −1.5 | 2.0 | 3.5 |
| 1990—1991 年 | −0.1 | 3.6 | 3.7 |
| 2007—2008 年 | −0.7 | 3.2 | 3.9 |

\* 石油价格冲击发生后五个季度里的年平均值。
资料来源：Hamilton（2003，2009）；美国经济分析局数据。

在此，还必须简要说明石油价格变动对石油出口国宏观经济的影响，与石油价格上涨对石油进口国造成的痛楚相比，这一话题得到的关注要少得多。对于一个高度依赖于石油出口的国家而言，过去每次石油价格大幅上涨都会带来正面影响，使公共和私营部门的支出限制得以缓解。首先，储蓄将增加，但是随后的一段时间会进行调整，再次建立增加的收入和支出之间的平衡。

当石油价格下跌时，储蓄将减少，但是将支出下调显然更难以执行。这一见解引起了媒体和石油市场分析员广泛但不合理的评论：按照他们的说法，石油出口国的政府预算需要提高石油价格来克服当前的赤字。这一说法没有考虑：（1）石油价格是在国际市场中形成的，而个别石油出口国无法控制国际市场；（2）对于期望恢复宏观经济平衡的决策者而言，显然要采取行动控制公共支出。如果国家依赖于铁矿、汽车等价格需处于可接受的范围以保证出口销量的产品，那么上述说法的错误就显而易见了。此外，即使石油出口国拥有足够的市场支配力，从短期来看可以抬高石油价格，但是从长期来看，全球将对石油替代品和用量做出调整（降低石油需求），导致高油价带来的收入增加将被萎缩的石油市场所抵消。沙特阿拉伯于1985年至1986年间的经历（如第2章和第3章所述）就是一个很好的例子。

现在，我们对石油价格变动对宏观经济影响的一系列研究的主要发现做一个总结。首要发现是研究对象本质上是非常复杂的。宏观经济持续受到过多周围因素的影响，因此，即使采用复杂的计量经济学方法也很难将石油价格对宏观经济的影响单独分离出来。虽然1945年后，美国经济衰退十次有九次是紧随石油价格尖峰发生的（Hamilton，2005）——大部分与地缘政治风波相关——但是并不能由此得出"如果没有之前的价格变动，这九次经济衰退就不会发生"的结论。

该问题的研究者大多对石油价格上涨时的宏观经济表现进行分析，得出了很多观察结果，但是关于石油价格下跌时的观察结果要少得多。这可能是因为石油价格上涨和下跌产生的效应是不对等的，石油价格下跌时造成的经济影响较小，但是也可能是因为他们认为石油价格下跌对石油进口国的（积极）影响没那么重要，研究价值较低。无论如何，石油价格下跌对宏观经济的影响仍需进一步探讨。

我们调查的所有研究均是短期的。这些研究通常着重于石油价格变动后一年内的宏观经济效应，有些也指出，如果高昂的石油价格持续时间长，将会对宏观经济造成更大影响，但是对于石油价格变动2～3年后的宏观经济效应，却鲜有报告。一些研究（如Hamilton，2009）甚至声称，宏观经济效应的持续时间一般不会超过八个季度。

研究中常常会涉及的一个主题是，特定规模的石油价格冲击对宏观经济的影响会随时间消减。这一观点有好几种解释（如Blanchard和Gali，2007）。第一个理由是，如第2章所述，自1974年来石油价格的高涨及资源节约技术的进步造成全球，特别是富裕国家的石油强度持续下降。石油强度的收缩削弱了石油价格上涨的影响力。第二个理由是，自20世纪80年代以来，越来越多的国家增强了其经济灵活性。管制放松和全球化有利于劳动力和资本市场针对外部冲击（包括石油价格变动）进行调整。第三个理由是，政府在应对石油价格冲击的政策处理方面越来越有经验，可将冲击对其宏观经济造成的危害降至最小。因此，虽然自20世纪90年代以来，世界经济一直受到低通胀的影响，但是很少出现惊慌失措的货币政策反应。

国际货币基金组织（2005）通过研究石油价格冲击对贸易平衡的影响，举出了经济对石油价格冲击的敏感性下降的实例。此次研究的结果列于表13.2内，表明经济合作与发展组织贸易平衡的恶化反映出该地区GDP份额的下降。有人可能会辩称，表中所示的石油价格冲击对贸易平衡影响变小是由于冲击的力度随时间下降所致。

## 油价真相

表13.2 石油名义价格上涨对经济合作与发展组织成员国贸易平衡的影响

| 价格上涨时期 | 上涨后价格（美元/桶） | 油价变化幅度（％） | 对贸易平衡的净影响 ||
|---|---|---|---|---|
| | | | 十亿美元 | 占GDP比例（％） |
| 1973—1974年 | 11.6 | 252 | -88 | -2.6 |
| 1978—1980年 | 35.9 | 179 | -232 | -3.7 |
| 1989—1990年 | 28.3 | 58 | -38 | -0.2 |
| 1999—2000年 | 28.2 | 57 | -96 | -0.4 |
| 2003—2004年 | 37.8 | 31 | -97 | -0.3 |

资料来源：国际货币基金组织（2005）。

在最近一次石油价格冲击（2005年加速，2008年到达顶峰，2009年至2010年暂时回落，2011年至2013年上升至更高水平）中，价格变化的幅度（百分比）非常大，与20世纪70年代的石油价格冲击相当。此外，这次石油价格冲击的持续时间特别长，一直持续到2014年年中。不过，虽然有几个危言耸听的评论员预测石油稀缺即将到来，石油价格将达"200美元/桶"，确实引发了一些风波，但是相比前一次，这次石油价格尖峰得到的关注度较低，相关的影响研究也较少。除此之外，还有两个原因可以解释为什么人们对21世纪第一个十年中期之后石油价格上涨的影响兴趣不高。

第一个原因是，与自20世纪70年代初期以来所有的石油价格冲击不同，这次石油价格冲击被认为是由于需求暴涨所致，而非供应缩减所致。从21世纪开始，以新兴经济体为首，世界经济进入了一个高速发展期。商品密集型经济体（尤其是中国）的发展带来极大的原材料投入需求，因此所有商品的需求均上升至现有生产能力不能满足的水平。需求上升导致价格上涨,从而引发了自第二次世界大战以来最鼎盛的商品繁荣景象(Radetzki,2006)。石油价格与众多其他商品一样也出现上涨。许多分析员(如:Kilian,2008、2009;Cashin等,2014)断言,需求冲击对石油进口经济体的经济发展影响较小,但是我们有全面和令人信服的理由认为这一观点还需进一步分析。一些人声称,全球经济快速增长的势头如此强劲,以致于即使引起石油价格冲击也不能遏制这种势头。

第二个原因是,2008年雷曼兄弟公司破产后发生了全球金融危机,引发了自20世纪30年代大萧条以来最严重的经济衰退,这分散了对石油价格上涨所产生的影响的关注度。石油价格上涨造成的任何宏观经济影响与金融风浪造成的影响相比完全是小巫见大巫,而且在金融危机持续时期内很难跟踪。

## 早期研究对石油价格下跌与石油革命的相关性分析不够

未来20年(到2035年)随着页岩油革命和常规石油革命的推进,石油价格将逐步下跌,并对全球宏观经济和贸易平衡产生影响。该章的最终目的就是对此等影响进行评估。我们接下来将要阐述的内容立足于石油革命带来的产能扩张(在第11章进行了量化说明)及随后的价格抑制(在第12章进行了评估)。

我们希望,有关石油价格冲击和宏观经济(在前一节中进行了综

**油价真相**

述）的大量文献能为我们的评估提供指导。但是经过认真思考，我们发现这些文献与我们当前任务的相关性非常有限。原因至少有两个。

第一，对石油价格下跌的研究较少，虽然其中一些指出价格下跌造成的影响比价格上涨小，但是这还不足以构成完整的分析基础。由于我们想要分析的恰是价格下跌现象，因此这对于我们而言是一个严重缺憾。第二，研究涵盖的时间范围较短，主要是针对1~3年内的影响。由于我们关注的是20年或更长时期内价格变动造成的影响，因此，这对我们的评估而言同样是一个严重障碍。

在没有相关成果可以依赖的情况下，"即兴创作"在下文中便起着非常重要的作用。

## 石油价格持续下跌对宏观经济的影响

根据上一章总结，参考案例中，两项革命将带来石油供应量的增加，到2035年，石油价格将比没有革命时的价格水平低40%左右。这确实是一个很大的差异。如果发生战争等非常严重的资源诅咒事件导致主要石油生产国的供应量锐减，那么2035年的石油价格也有可能比2011年至2014年间的石油价格更高。也就是说，即使革命按照第11章所预估的量化过程进展，但如果不幸出现供应量锐减的情况，2035年的石油价格也可能达到120美元/桶（以2013年常币值计）。我们通过分析只能得出这一结论，在其他条件不变的情况下，如果不进行革命，石油价格将上涨至200美元/桶（120美元/桶相比200美元/桶下跌了40%）。值得注意的是，虽然石油价格将随着时间推移呈下降趋势，但是也可能在短期内出现较大的波动。

假设2015年到2035年的20年内因革命造成的价格变动平稳，实现40%的总降幅，那么年平均降价幅度为2.5%。这种变化幅度较低，不足以对宏观经济造成明显影响。从表13.2可知，在最不引人注目的一次石油价格冲击（2003—2004年）中，价格变动为31%，是我们假想的革命造成的年平均价格变化幅度（2.5%）的十多倍。即使31%的价格变动是经历两年才发生的，按年均算也是我们预测的降幅的六倍多。或者我们再看看本书表2.1中所示的石油价值占全球GDP的百分比。我们记录的最高历史数据仅为5%左右。即使按这个最高水平计，2.5%的年均石油降价幅度对应不到0.13%的GDP。这一数据对持续冲击GDP并改变其演变情况的影响因素而言，只是小巫见大巫。因此我们认为，单独考虑和评估石油价格小幅变动对石油出口国和进口国GDP增长、通货膨胀、就业或贸易平衡的影响是没有意义的。

参考案例中石油价格的持续下跌可以视为世界经济的良性驱动因素，正如一个广泛使用的、重要的通用商品的投入成本下降后带来的生产力小幅提升一样。Grilli和杨（1988）评估认为，它的影响大体上类似于1900—1986年间初级产品实际价格以0.59%的年速率下跌（金属为0.84%）带来的影响，造成随后86年内总价格下降幅度达40%左右（金属为52%），但是我们认为，对这种总体经济表现的变化做出有意义的量化测量超出了经济分析工具的适用范围。石油价格下跌造

## 油价真相

成的影响对依赖于石油出口的国家的经济发展和贸易平衡来说是负面的，对石油在海外销售额中处于支配地位的单一经济体而言，则影响要大得多。在这种情况下，石油价格下跌很有可能引发调整，以减少石油在宏观经济中的作用，过程可能很痛苦。

如果革命的结果令人失望（如我们的低产量案例所述），石油价格变动将更小，对宏观经济的影响也会更小。在高产量案例中，石油价格将在20年内下跌60%（平均每年下跌4.5%），这显然比低产量案例的影响要大，但是即使在高产量案例中，所带来的影响也会很小，难以单独分离进行测量。

# 第14章
# 低油价下的气候政策

　　随着页岩油革命和常规石油革命的推进，预计有更多石油资源可以利用，石油的长期价格也会变得更低。价格下跌将让石油比非化石替代品具有更大的竞争优势，但是会增加碳减排政策的实施成本。如果执行目标远大的全球气候政策，页岩油革命和常规石油革命的进程将受阻。但是全球气候政策面临着巨大的政治阻力，部分原因是气候政策的成本过高，而且大部分碳减排政策效率低下，会进一步增加实施成本。此外，政府也在政策实施上犹豫不决。业界和预测者们还坚信，化石燃料将不会衰败——我们也同意这一观点。如果上述看法占据上风并在政策演变中发挥作用，那么资产搁浅现象将基本上发生在可再生能源领域。

随着页岩油革命和常规石油革命的推进，预计有更多石油资源可以利用，石油的长期价格也会变得更低。虽然全球变暖问题不是本书的重点，但是我们将在本章对气候政策与上述低油价现象之间的联系进行探讨。在石油革命没有政策反应的情况下，化石燃料的使用将会增加，从而延长其在全球能源体系中的预期寿命。价格下跌将让石油比非化石替代品具有很大的竞争优势，但是会增加碳减排政策的实施成本。就这一点而言，一个关键的问题是：气候政策执行的严厉程度有多高？如果严厉执行，那么气候政策可能让革命戛然而止。然而，过去多年的现实似乎是，政治家们将注意力放在了其他经济和地缘政治问题上。对于气候变化政策的执行情况将被逆转这一观点，我们持怀疑态度，因此我们断言，石油革命很有可能会继续进行。

## 固有冲突

全球革命将极大地增加石油和天然气的供应量，从而降低石油和

## 油价真相

天然气的长期价格。天然气的价格下跌后,煤炭将面临更大的竞争,导致煤炭市场萎缩、煤炭价格下跌——煤炭价格只是间接地被压低,下降幅度不会很大。在政策不变的情况下,与没有进行革命相比,化石价格下跌会让化石需求量变大,并且在更长的时间内增加碳排放。

一项意义深远的政策应能大幅降低当前的碳排放水平,以减缓全球变暖。据联合国资助的研究气候变化的科学机构——政府间气候变化专门委员会(IPCC)报告,全球变暖将对水供应、食物、生态系统、人类身体健康和沿海地区的社区造成不利影响。因此,一项既定政策得以确立,保证大气中$CO_2$浓度在21世纪的增幅不会超过两倍(从工业化以前的280ppm到560ppm),对应的温度上升约为2℃,但是需要强调的是,碳排放量与全球变暖之间的关系在科学上是不确定的(Radetzki,2010a)。该政策要求2035年前将全球碳排放量在2011年水平的基础上降低30%左右(2050年前至少降低50%)(国际能源署,2013c),这显然需要大幅削减石油消费量。天然气和煤炭的消耗水平也需要降低,但是碳捕捉和储存技术(CCS)(防止发电厂和其他工业活动生成的$CO_2$排入大气,并将其储存于很深的地下岩层内)的引入可以在一定程度上抵消上述下降的幅度,尤其是煤炭使用量的下降幅度——因为碳捕捉和储存技术主要应用于使用煤炭的工艺中。由于天然气在碳排放方面是最洁净的化石燃料,因此燃料的选用也有可能转向天然气,但是随着气候行动的深入,非化石燃料将替代化石燃料,天然气的使用最终会减少。

毫无疑问,如果执行这种力度的气候政策,即宣告了大部分石油

第14章 低油价下的气候政策

革命的结束,并导致大量非常规石油资源(不仅仅是页岩油)搁浅。

IPCC在几个报告中对"碳收支",即大气在上升2℃之前吸收的碳量,进行了估算。碳收支常常用来与地下剩余化石燃料包含的碳量进行比较(IPCC,2001、2013)。根据IPCC的报告及其他研究,化石资源的储量要超过大气的碳收支绰绰有余。据Meinshausen等人(2009)估算,如果要保证气温增长不超过2℃,那么到2050年前,可开发探明储量占全世界探明化石燃料储量的一半不到。对于地下的化石资源而言,含碳量要超出碳收支许多倍。McGlade和Ekins(2014)发现,如果全世界不打破碳收支的界限,那么在2035年前,大多数页岩油仍将处于未开发状态,北极石油将完全处于未开发状态,而全世界的深海资源将有一半仍保留在地下。这样,通过代价很高的勘探工作确定的巨大的石油储量,无论是探明储量还是已证实储量,将处于未使用的状态,即搁浅状态。

因执行深远的气候政策而导致大量探明资源保留于地下会带来严重的问题吗?我们认为不会,表14.1中呈现的内容为我们的观点提供了支撑。该表是基于国际能源署的"新政策情景"编制,假定将实施当前和计划的气候政策,但是不引入新的或更严厉的政策,所以气候政策对经济施加的负担仍将比较小。根据国际能源署预测的新政策情景下的产量增长,假设2014—2040年不增加额外的探明储量,可以计算出该时期的总产量相对于2013年产量的倍数,同时对2041年的剩余探明储量进行估算(2013年产量也可以体现这一点)。可以看出,即使没有执行深远的气候政策,2041年仍会有巨大的探明储量被"搁

## 油价真相

浅"。未使用的储量很显然不会给化石燃料行业带来严重问题，否则不会如此普遍地建立储备。原因可能是，储量储备的投资与总生产成本相比相对较小，值得公司进行投资，同时还能让公司对未来生产潜力"放心"。当然，如果实施深远的气候政策，未使用的探明储量将会更多，但是我们断言，即便如此，也不会给化石燃料行业带来严重的问题。

表 14.1 国际能源署"新政策情景"下 2041 年的未使用储量

| 能源类型 | 2013年储采比（年） | 2012—2040年预期年产量增长率（%） | 2014—2040年总产量（27年）相对于2013年产量的倍数 | 2041年剩余储量相对于2013年产量的倍数 |
| --- | --- | --- | --- | --- |
| 煤炭 | 113 | 0.5 | 29 | 84 |
| 石油 | 53 | 0.5 | 29 | 24 |
| 天然气 | 55 | 1.6 | 35 | 20 |

资料来源：BP 世界能源统计年鉴，国际能源署（2014a）。

生产设施的投资非常高，如果气候政策造成生产设施未使用，那么资产搁浅问题将严重得多。因此，让我们仔细审视这个潜在问题，只将注意力放在我们研究的焦点行业——石油行业。我们不妨粗略简单地假设，未来几十年，石油产量的下降幅度等于之前提及的碳排放削减幅度——30%，即从2013年的8700万桶/天下降至2035年的6000万桶/天左右。这将是一个显著的变化，但是我们仍然相信可以很容易地避免严重问题。全世界的采油井以年均7%的速率减少（Adelman，2002），因此要实现稳定的产量，要么提高采收率，要么投资开发新油田。在实施气候行动的情况下，如果五年内不投资，当前的产能将

## 第14章 低油价下的气候政策

下降至2035年的最高水平。只要不在毫无征兆的情况下突然实施重大措施,为了防止气候变化而将能够继续生产的装置闲置的情况就不大可能出现。

基于上述考虑,我们提出了一个疑问:上文所述的对资产搁浅的担忧是否有现实意义?一些研究已经解决了这个问题,并给出总结,除非石油行业立即做出重大调整,否则可能会面临严重问题。根据"碳追踪计划"(CTI),如果政策要求不超出碳收支,那么资本密集型边缘项目将被搁浅,而这些项目的财政预算平衡油价非常高,因此石油公司及其投资商在这些项目上投资可能不是一个明智的选择(CTI,2014)。有关这一问题("搁浅资产项目")的另一组研究评估了社会驱使的撤资活动对化石燃料公司的影响,并指出,虽然该活动不大可能对石油公司的财政造成重大影响,但是可以让这些公司蒙羞,从而导致限制性立法等不利影响(Ansar等,2013)。

考虑到石油公司非常习惯于应对污名和法律/法规方面的挑战,我们假定诸如"搁浅资产项目"之类因素引起的撤资对石油公司的影响可以忽略不计。至于启动目前价格仍然高昂的边缘项目所面临的风险的警告,无论是行业还是行业投资者似乎都不太相信"碳泡沫"理论。2000—2013年,石油和天然气上游行业的全球投资每年翻了三番(国际能源署,2013b),未来还会有更多的投资——2015年初石油价格下跌,即使出现了资本开支削减的情况,但石油巨头常规石油和非常规石油资本项目仍然前景良好。总的来说,石油公司都认为气候协议不会严苛到危及他们未来投资的程度。我们也认同这一观点。

**油价真相**

在这个背景下,另一点需要考虑的是,全世界大部分石油储量由发展中国家的国有企业拥有。这些国有企业肩负优先于碳减排的社会经济发展目标。此外,大部分发展中石油生产国的石油消费者享有大额政府补贴。从政治角度来看,这些补贴很难中断。补贴制度鼓励国内使用石油和提高生产水平。这样一来,深远气候政策在这些国家的执行深受质疑。

# 气候政策的工具

气候政策的目标是减少$CO_2$排放。可以通过制定更严苛的标准和禁止法规、实施能增加排放成本的征税(如税收、许可权等)或为能降低排放需求的能源替代品提供支持来实现这一目标(Stern,2007;Weitzman,2009)。

根据环境经济学分析可知(如Ellerman等,2000),为达到预期环境目标而忽略市场条件的标准和法规并非有效工具。许多经济学家认为,有效的解决方案是在全球统一征收碳税。全球征收碳税制度还未引进至少有两个原因。第一个尚未被明确承认的原因是,许多重要决策者认为有效、深远的气候政策方案的执行成本高于稳定气候带来的利益。第二个原因具有政治经济学特征,包括两个部分:(1)政治家偏好采取国家措施,这样全部功劳可归于他们;(2)一些国家,尤其是贫穷国家,并不完全认同优先执行气候政策,而且承受政策成本的能力较低。如果不采用统一的全球税，而是让各个国家以不协调的方式采用自己的政策工具，那么任何级别的全球气候政策均会造成整体成本的上升。此外，如果许多国家放弃参与气候政策的相关工作，那么最终"买单者"的成本负担将会更大。

由于各个国家之间或全球范围内缺乏协调，通过补贴可再生的能源替代品的方式来加强气候稳定工作，会出现效率低下的现象。此外，既得利益者倾向于将补贴拨用于几乎与减排无关的用途。这似乎与生物燃料尤为相关——在许多国家，生物燃料被在政治上具有说服力的农业游说集团强行控制（Bailey，2014）。

## 气候政策的成本

据估算，一项合理、深远的政策（如使用最有效的工具来防止温室气体在大气中的含量超过工业化前水平的两倍，且根据政策效应进行的经济调整具有较高的灵活性）的成本相当于全球年度GDP的1%~2%（Smith，2013；Hughes，2015等）。现实中，由于很难实现合理性，成本还要高得多（如上一节以及下一节"气候政策的历史"中所述），而且关于深远政策实施过程中零调整成本的假想不可能实现。由于这些成本最终将由纳税人或能源使用者不情愿地承担，显然会出现政治困境。

如前文所述，目前欠发达国家的碳排放量最大，而基本上所有未

## 油价真相

来的能源需求增长均来自这些国家,这让上述困境变得更加难以摆脱。如果实施全球减排协议,对于每单位碳排放,每个人将被收取同等的费用,因此,欠发达国家有理由不赞同执行这样的协议。这对气候政策协商而言是一个主要障碍。按照这种说法,发达国家的财富很大程度上建立在化石燃料的基础上;因此,如果出现了人为的气候问题,那么这个问题首先是源于这些富裕国家的。图14.1展示了$CO_2$的历史排放量(仅追溯至1965年)。从图中可以看出,在20世纪80年代早期之前,OECD国家与非OECD国家之间碳排放量的差距较大(BP世界能源统计年鉴)。值得注意的是,1965年,OECD国家的碳排放量是世界其他国家的两倍多。如果追溯到全球工业化活动完全由富裕国家主导的更早的年代,这种差异将会更加明显。自20世纪80年代之后,差异呈缩小趋势,但是直到2005年,非OECD国家的碳排放量才赶上OECD国家,尽管当年前者的人口数占全球的80%多(经济合作与发展组织人口统计,年度报告)。现在,政策上对能源效率的支持在一定程度上促使富裕国家摆脱经济发展对能源(特别是化石能源)使用的依赖性。国际能源署、美国能源信息署等机构预期在未来几十年里,OECD国家对石油的需求会降低。由于发达国家历史上广泛使用石油、煤炭和天然气,因此如果为实现减排目标而牺牲欠发达国家的繁荣前景、否定他们使用化石燃料的做法,那么从政治上和道义上均说不过去。要在贫穷国家实施全球减排方案,有必要将富裕国家的收入转移。

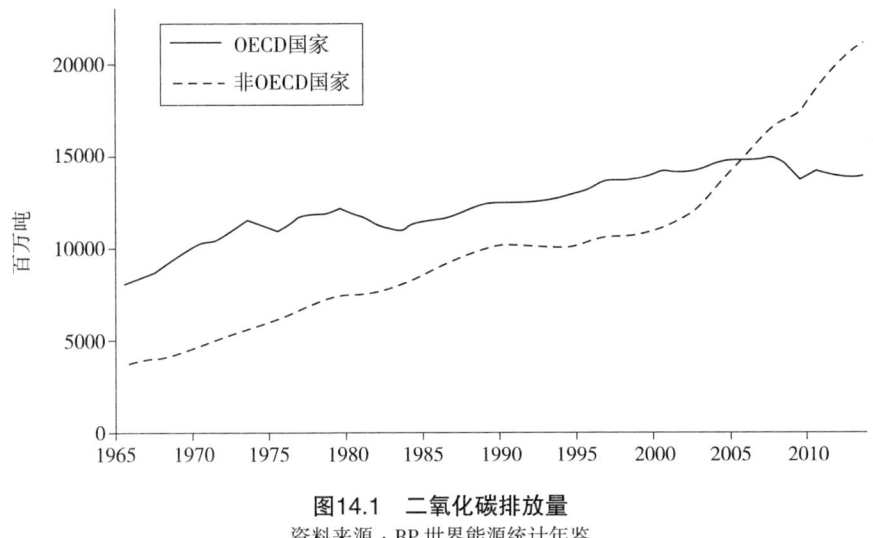

图14.1 二氧化碳排放量
资料来源：BP世界能源统计年鉴

在此背景下，如果要在全球实现上述减排目标，可以列出所需现金流（美元）的数量级，通过财政转移的方式对参与减排的非OECD国家的开支进行全额补偿（Jacoby等，2009）。据估算，到2020年，每年的净转移额为5000亿美元，其中2000亿美元来自美国。到2050年，每年所需的转移额将超过30000亿美元，美国的贡献额将上升至10000亿美元。客观来看，富裕国家至今许诺向其他国家补偿的金额不到100亿美元——但是由于许下承诺的一些国家遭遇政治阻力，即使如此微薄的许诺额也没有得以确认（Bloomberg，2014）。通过进一步比较可以发现，最近几年，每年全球外国援助总金额约为1300亿美元（经济合作与发展组织援助金额统计，年度报告）。考虑到上述数据的相对大小，很容易理解为什么在丹麦哥本哈根召开的2009年气候

**油价真相**

变化会议上没有就《联合国气候变化框架公约》（UNFCC）达成一致意见。有关气候目标的豪言壮语与承担成本所需的政治准备之间存在着难以逾越的鸿沟。

## 气候政策的历史

过去在气候政策上的工作通常流于表面，迄今为止没有什么作为，因此每单位排放量的降低都需要非常高的成本。在哥本哈根气候变化会议中，有些国家表示不愿启动深远的气候政策，从此之后，有关气候政策的政治意愿似乎就消失了。虽然全世界许多领导人经常对气候变化的灾难性危害发表声明，但是几个大国的政策议程并未反映声明的内容。相反，政治家们将关注点转移至全球金融危机的负面影响、中东和北非暴动等问题上。巨额成本、转移需求以及政府间气候变化专门委员会的科学影响力下降可能是政治决心减弱的其他几个原因。

让我们看看生物燃料，它与石油之间存在着特殊的相关性——在石油消耗量最大的交通领域，生物燃料具有较强的竞争力。受农业利益的驱动，美国、欧洲和巴西使用了大量的生物燃料，但是几乎没有产生任何（有时是负面的）排放物影响。鉴于除了气候变化之外的环境问题（更不用说食品价格上涨的问题），欧洲近期的生物燃料目标有所下调，同时，页岩油革命降低了美国及欧洲开发生物燃料的意愿——如前文所述，这一理由尚存疑点，但却是能源安全的重要影响因素。由于经济前景不景气，政府和行业也放慢了他们对目前尚未经商业检验的第二代和第三代生物燃料（使用植物、动物粪便、藻类等非食品来源）的投资步伐。

## 气候政策的影响及20年后的前景

我们对未来的情形不确定，但是需要重申的是，如果严厉执行气候政策，可能会对石油消耗量、产量、价格和成本造成重大影响。从理论上讲，支持可再生能源和征税的严厉政策可以降低碳排放量，并可能完全消除全球能源市场中石油的使用。这样一项政策听起来令人信服，但是基本不可能执行，它会使石油的消费价格上涨到极高的水平，从而完全抑制石油需求。

但是我们注意到，实际上所有能源预测机构都认为未来几十年，化石燃料的前景将更为广阔，石油将继续在满足全球能源需求方面发挥关键作用。此外，如前文所述，石油行业的投资行为表明，投资者并不相信在可预见的未来会实施深远的气候政策。Buchan等人（2014）描述了在实施气候政策行动上仍处于领导地位的欧洲如何大幅降低了其2030年的环境目标。《经济学家》（2013b）的一篇文章中引用了欧洲环境政策的弱化、全世界政府在达成全球气候协议的问题上进展缓慢以及大型石油公司的持续投资等事实，并指出"反对严

## 油价真相

厉的气候政策很可能是明智之举"。

尽管很难预测会发生什么,但是历史和当前的行为表明,在可预见的未来,仅仅会执行流于表面的气候政策,而我们预测的石油革命大体上不会受到阻碍。碳捕捉和储存技术、天然气的使用和技术进步降低了全世界能源和化石燃料强度,但是仅仅略微地降低了碳排放量。

一次有关《联合国气候变化框架公约》的重要的气候变化会议计划于2015年底在巴黎召开,意图在与会的所有国家之间达成具有法律约束的协议,实施有宏伟目标的气候措施。这将是自哥本哈根气候变化会议以来的首次尝试,但国际能源署将其称为"行动的最后机会"(国际能源署,2014a)。据《经济学家》(2014c)称,这次会议有可能会达成协议,但是协议很可能仅涉及一些温和的措施,例如,鼓励而非强制各个国家降低碳排放量。

在缺少有效的全球气候协议的情况下,一些国家(如:中国、美国和印度)正在执行和规划不同的单边或双边措施来控制碳排放量。2014年末,全球最大的能源使用国——中国和美国达成一项协议,根据协议,中国的目标是在2030年达到碳排放量的峰值,而美国将于2025年前将碳排放量在2005年水平上降低25%(CNN,2014)。尽管有上述意图,但是他们坚持执行的能力或意愿受到质疑。在美国,政治风潮的变化已经对预期目标产生了阻力。中国清华大学的研究员指出,从现在到2030年,碳排放量将上升三分之一(Reuters,2014c),而这不太可能达到碳排放量的峰值。

尽管预期的单边政策不会太深入，但是执行该政策的国家，可能会减少煤炭和石油（在较小的范围内）的需求。这可能造成全球石油价格的小幅下滑，因此多少会降低石油革命的热情。然而，上述政策不太可能对页岩油和常规石油生产国（其中某些也是主要的石油消费国）的计划产生更深层次的影响。

对于石油进口国而言，石油供应量的扩大将增强政府增加消费税的能力。我们预测，2035年石油价格将跌至60美元/桶或40美元/桶（在最乐观的情况下），而随着政府增加税收，石油的消费价格将保持不变，因此消费者不会受到影响。石油进口国的政府可能将引入进口附加税或消费税政策来增加他们的预算或减少能源需求的增长。能源需求量减少后会进一步小幅抑制国际石油价格，尽管其对价格的抑制作用远不及石油革命带来的供应量增加的影响。据前文第12章所述，石油革命成熟后，尽管石油需求量发生改变，均衡的石油价格水平也不会发生变化。这是因为从长远来看，经济可采石油资源将变成类似于备用资源，石油供应曲线将相对平坦。

**天然气的作用**

我们预计的石油革命不仅会带来石油供应量的持续增长，也会带来天然气供应量的持续增长。这一小节我们将对天然气的潜力及其对碳排放量的影响进行阐述。据一些专家（如Hefner III，2009）预测，一个能源气体的时代即将到来，而现在还无法立即将氢气用作燃料的替代品，天然气则是替代过程中的过渡燃料。

**油价真相**

虽然之前章节中的重点是美国的页岩油革命,但是实际上页岩油革命比页岩气革命还要晚几年发生。页岩气与页岩油的开采方法基本一致,因此页岩气和页岩油的开采均从全球水力压裂和钻水平井技术的进步和普及中获益。正如第12章所述,美国天然气的价格已经跌至与煤炭相同的水平(在能源方面)。发电领域中天然气的使用已经在上升,而煤炭使用则出现了下滑。这种相对价格在确定发电领域的主导燃料时发挥着重要作用。天然气在燃烧时的碳排放仅为煤炭的三分之一到二分之一。随着从煤炭向天然气的转换,美国已经将$CO_2$排放量降至1994年前的水平(华尔街日报,2013c)。大部分提及美国上述成就的文章(例如Glover,2012;Bloomberg Businessweek,2013;华尔街日报,2013c)也指出,具有环保意识的欧洲国家最近几年减排碳步伐已经明显放缓。归其原因是,21世纪第一个十年初期,欧洲的天然气价格比美国天然气价格高2~4倍(如果2015年初的低油价能维持下去,那么价格差异将会缩小),由于煤炭相对于天然气的价格较低,因此煤炭使用在欧洲仍占据主导地位。煤炭价格低廉的一部分原因是,美国过剩的煤炭资源被运至欧洲。

世界其他地区的天然气市场份额在上升,与煤炭和石油相比,天然气使用过程中的碳排放量相对较少。在亚洲地区尤为如此。亚洲是世界能源需求增长最大的地区,对煤炭的依赖性仍然很高。气候政策在这一方面发挥着重要作用:如果对碳排放征收足够的税,那么由于煤炭的碳排放量更高,煤炭和天然气的总成本将变得旗鼓相当。碳排放税想必会提高煤炭的相对价格,同时促进天然气开采和使用的投资。这还会推进技术改进，将天然气的相对价格进一步降低，从而促进天然气替代煤炭。实施气候政策后，发电领域的天然气市场份额将增大，而石油市份额将缩小，同时运输行业，天然气的竞争力也会向石油靠拢。全世界已经有几个国家（包括伊朗、巴基斯坦和阿根廷）在汽车中使用压缩天然气。美国也正在卡车和大巴等重型车辆中尝试使用液化天然气。

**碳捕捉和储存技术的问题**

碳捕捉和储存技术是一个有争议的问题，很多人表示赞同，也有很多人表示反对。Mills（2011）认为，碳捕捉和储存技术可以成为能源系统的支柱，允许继续使用化石燃料，让全世界的人民从中受益。对于该技术不可行、成本过高的观点，Mills提出了质疑。这项技术是一个大型的但本质上比较简单的流程，使用很安全。问题是技术的经济性，关于这一点我们想到的是，虽然目前碳捕捉和储存技术的应用成本较高，但是与太阳能、核能和风能等非化石化替代品的应用成本相比，具有较大的竞争优势。Bryce（2010）提出了相反的观点，他认为虽然碳捕捉和储存技术的概念很简单，但是要实现却极为复杂：由于$CO_2$的量过大，碳捕捉和储存在技术上不可行——从而在经济上也不可行。

Beckman（2011）将能源专家们对碳捕捉和储存技术的不同观点大致分为三个阵营。第一个阵营主要由气候变化怀疑论者组成。由于对人为气候变化这一看法存有质疑，他们认为通过开发代价高昂的技

## 油价真相

术来捕捉和储存排放气体是没有意义的。第二个阵营相信人为气候变化真实存在，也相信未来几十年使用化石燃料是有必要的，或者至少是实际的。该阵营对碳捕捉和储存技术表示赞成。第三个阵营也认为人类活动导致了气候变化，但是不赞同化石燃料的使用和扩产。因此，他们反对碳捕捉和储存技术，赞成在能源结构中减少化石燃料的比例，并采用可再生能源。在他们看来，在碳捕捉和储存技术上的投资远不如用于可再生能源。在这几个阵营之外，还有一些人对气候变化不持有强烈的观点或者不确定人类是否在气候变化上发挥了作用，因此他们对碳捕捉和储存技术的看法也是不明确的。

虽然碳捕捉和储存技术通常应用于使用天然气和煤炭作为燃料的发电厂，因此对天然气和煤炭（特别是煤炭）行业来说更有益处，但是石油行业也基本支持碳捕捉和储存技术。如前一节所述，石油在发电行业占有一定的市场份额，尽管份额较小，而且在减少。但是，如果实施该技术，捕捉的排放的$CO_2$将被储存于或注入枯竭的油藏，从而提高产出，这是石油行业获得的主要益处。再举一个例子，由于通过碳捕捉和储存技术可以减少油砂生产和升级为合成原油过程中产生的碳排放量，近几年因环境问题而备受诟病的加拿大油砂行业成为了碳捕捉和储存技术开发的拥护者和积极参与者。

碳捕捉和储存技术是否可以实现大规模的应用仍有待考究。我们预计，在页岩油革命和常规石油革命的推动下，所有化石燃料的价格均将下跌，那么碳捕捉和储存技术将在商业上变得更难实行。碳捕捉和储存技术已经在小规模地应用，预计将有更多的发电厂采用这一技术。但是，就可再生能源来说，如果要在接下来的几十年里实现碳捕捉和储存技术的大规模部署，显然需要政府以补贴形式提供支持。或者，对碳排放征收间接税、增加碳排放成本的政策，也将有利于碳捕捉和储存技术的推广。然而，只有在碳排放成本很高的情况下，大型碳捕捉和储存技术项目才具有竞争力。

## 归纳总结

在本章结尾，我们对本章的主要内容做一个简短的总结。显而易见，如果执行目标远大的全球气候政策，页岩油革命和常规石油革命的进程将受阻，同时大量的化石燃料（不仅仅是页岩油）将被搁浅。但是这样一项政策面临着巨大的政治阻力，部分原因是气候政策的成本过高，而且大部分减排碳政策效率低下，会进一步增加实施成本。此外，鉴于气候变化在科学上的不确定性，政府也在政策实施上犹豫不决。例如，较低的对流层温度自1998年以来从未发生变化，这一事实让人们对气候变化的原因更加质疑。业界和预测者们还坚信，化石燃料将不会衰败——我们也同意这一观点。如果上述看法占据上风并在政策演变中发挥作用，那么资产搁浅现象将基本上发生在可再生能源领域。

# 第15章
# 政治影响

石油革命将使全球的石油供应量增加,石油供应变得多样化,这对众多石油生产和出口国造成的负面政治影响要超过正面影响。但与此同时,石油价格下跌将削弱资源诅咒的影响。此外,虽然按照总体趋势来看,石油价格下跌对石油出口商会造成负面影响,但是也会有一些例外情况。对于那些能充分利用页岩油资源并采用钻水平井及水力压裂技术开采常规石油资源的传统石油出口国,石油产量增加所带来的价值可能超过价格下跌损失的价值,因此这些国家可能在石油价格下跌后出现经济净收益。

在挑战本章这一具有争议的话题之前，我们首先重述一下前文章节中的一些分析结论，并指明这些结论与当时传统观点的区别。考虑了供应量、价格和供应的地理特点。

11章，我们在参考情景中得出结论，2015—2035年的20年间，页岩油革命将使全世界（美国之外的地区）石油总产量增加1950万桶/天；我们还断言，同一时期，常规石油革命——在美国之外的其他地区的常规油藏应用钻水平井及水力压裂技术——将进一步把石油总产量增加1970万桶/天，因此到2035年，石油产量的增幅将超过3900万桶/天。这相当于2014年全球石油产量的一半左右，几乎是1994—2014年20年间石油产量增幅的两倍，比2014年石油输出国组织的石油产量高出近三分之一。

与传统分析员的预测相比，我们提出的数字——3900万桶/天是一个极端值。据英国石油公司（BP）（2015）预想，在我们聚焦的20年间，全球石油供应量将增加1280万桶/天；据国际能源署（2014a）设想，自2013年开始的这段时期内（2013—2035年）全球石油供应量的增幅不超过1340万桶/天；而据美国能源信息署（2014b）估算，

## 油价真相

2011—2035年这一更长的时期内，全球石油供应量将增长1930万桶/天。值得一提的是，与上述全球估计值相比，我们的预测值没有考虑美国的产量增长以及美国之外的其他地区使用传统开采方法开采的常规石油产量的增长，例如，伊拉克石油产量预计将从2012年的300万桶/天大幅上升至2035年的790万桶/天（国际能源署，2013b）。

根据第12章参考案例中对价格的总结，2015—2035年，石油价格将从100美元/桶（2011—2014年的平均石油价格）下跌至2035年的60美元/桶左右，降幅约为40美元/桶。同时，国际能源署预计到2035年，石油价格将上涨至130美元/桶，而美国能源信息署预计的数字为128美元/桶。所有上述价格数据均按常币值（2013年）计。国际能源署与美国能源信息署对产量扩张的预期不一样，因此他们预测的价格自然也就不同。

我们没有发现国际能源署和美国能源信息署就页岩油革命和常规石油革命带来的地理变迁发布过任何长期的预测数据。第11章，陈述了我们关于石油供应地理变迁的观点，指明了未来二十年因石油革命而增加的供应量里占较大份额的国家。我们的分析结果如下所述。

页岩油是一个新的资源类别，在美国之外的其他地区迄今为止尚未开采。基于这一点，我们预计页岩油革命将大幅增加阿根廷、澳大利亚、加拿大、中国、墨西哥、俄罗斯等国的石油产量。长久以来加拿大、中国、墨西哥和俄罗斯都是很重要的石油生产国，除中国之外，其他三国还是较大的石油出口国。但是我们认为，特别是阿根廷和澳大利亚，尽管目前的石油产量相对较小，但以后会快速增加，从而造成石油供应的地理变迁。我们预期页岩油革命发生后中东地区的石油供应量不会有大幅增长，原因有两个。第一，中东地区的常规石油生产通常成本比较低，因此开采页岩油的积极性相对没那么高。第二，石油开采权由国家官僚机构垄断，因此对企业创业不具吸引力。因此就这点而言，中东地区的石油产量占全球产量的份额很可能会下降。

常规石油革命是把钻水平井及水力压裂技术应用于已开采很长时间的现有常规石油储层，不太可能造成石油供应源的重大地理变迁，但是显然会给储采比较高、成熟常规油田开采频繁的国家带来益处。上述特征适用于加拿大、中国、伊朗、科威特、利比亚、墨西哥、俄罗斯、沙特阿拉伯、阿联酋和委内瑞拉（BP世界能源统计年鉴）。

总而言之，我们认为在石油革命后，石油产量将大幅增加，一些国家的石油供应将呈现多样化，美国的重要性将上升（美国不是分析的对象，但肯定会发挥重要作用），中东地区石油供应的份额会有所下滑，石油价格将出现大幅下跌。

## 对石油生产国或出口国的政治影响

我们在第13章提出，未来二十年，石油价格将缓慢但最终大幅下降，如果石油生产/出口国没有对因石油革命的推动而扩大的石油产

## 油价真相

量产生的石油价格下跌进行弥补,那么这些国家从石油中获得的公共收入(税收和红利)将大受影响。这样一来,这些国家将被迫做出调整,甚至缩减他们的公共预算。在原油行业利润降低的情况下,他们可能会考虑通过经济多元化来降低原油行业的经济比重。经济多元化的一种方法是实施石油产品和石油化工产品向前一体化的政策,但是我们对通过这种方式来克服原油价格下跌造成的负面影响的合理性表示怀疑。

我们推测,石油盈利能力下降,将缓解基于石油资源报酬的冲突,资源诅咒现象将更易处理。由于过去丰厚的石油利润下降至相对"正常"的水平,无论好坏,石油行业将变得像金属和矿物等其他资源开采行业一样。但另一方面,财政收入缩减后,内部矛盾将被激化(例如,燃料消费者与政府之间的矛盾:燃料消费者习惯于从政府处获得大量燃料补贴,而政府不再有能力提供补贴)——这种结果(我们认为可能性不大)是无法预防的。

石油供应量的增加以及石油来源的多样化势必会加剧石油生产商之间的竞争,石油生产商通过实施市场管理来阻止价格下跌或上涨也变得更加困难。此外,由于石油供应量很充裕,进口国也有更多的油源可以选择,因此将石油出口用于政治目的的效力也将大打折扣。从这方面来讲,石油也会丧失它异常的特征,成为一个更"普通"的商品。随着页岩油等非常规石油的进一步开采以及现有常规石油储量的增加,地下的可采石油资源量将非常充裕,基于资源枯竭的"石油峰值论"的威胁将丧失其对市场发展的影响力。

## 第15章 政治影响

如我们在第5章所述，20世纪60年代和70年代，石油生产商及金属和矿物生产商普遍国有化，而在20世纪80年代和20世纪90年代，由于国有制企业的表现令人非常失望，金属和矿物生产商又重新私有化。但是，石油企业仍为国家所有。对于金属和矿物行业与石油行业在这方面的不同，我们的解释是，由于石油价格和利润均维持在较高水平，国有制下的效率低下现象得到了更多的容忍。那么随着石油价格和利润在未来几十年下降至"正常"水平，私有化浪潮会席卷石油行业吗？

总而言之，我们认为，石油革命将使全球的石油供应量增加，石油供应变得多样化，这对众多石油生产和出口国造成的负面政治影响要超过正面影响。但与此同时，石油价格下跌将削弱资源诅咒的影响。此外，虽然按照总体趋势来看，石油价格下跌对石油出口商会造成负面影响，但是也会有一些例外情况。对于那些能充分利用页岩油资源并采用钻水平井及水力压裂技术开采常规石油资源的传统石油出口国，他们的石油产量增加所带来的价值可能超过价格下跌损失的价值，因此这些国家可能在石油价格下跌后出现经济净收益。在这种情况下，针对价格下跌所做的政治调整将容易处理得多。

## 石油进口国过往的政治干预

在过去的几十年里，保证石油进口需求一直是一个政治问题，即

## 油价真相

使政治担忧的程度随时间有所波动。1973—1974年第一次石油危机爆发，国际能源署在这种背景下成立，这是有关政治干预的早期案例。之后，国际能源署很快制定了两项制度。第一项制度确立了在石油供给危机期间，成员国对稀缺石油的应急共享规则。第二项制度是建立应急石油储备，用于在石油供给告急时发放给市场。这种石油发放发生过几次，发放量通过集体政治程序确定。值得一提的是，1979年伊朗革命后以及1980—1981年两伊战争期间，在石油价格暴涨和石油供给中断的情况下，国际能源署并没有向市场发放石油。这种现象令人惊讶，但国际能源署声称，在决策过程中，除了供给量损失峰值之外还考虑了一系列因素——例如，其他石油生产商进行弥补的能力。

伊拉克入侵科威特后，预计将发生第一次海湾战争，在此情况下，国际能源署于1991年首次发放石油。伊拉克和科威特的石油生产均受到影响，导致库存石油的发放。直到2005年，库存石油才再次发放，这次是应对卡特里娜飓风造成的破坏。美国墨西哥湾的石油基础设施遭到大范围损坏，导致石油供给短缺、石油价格上涨。2011年6月，库存石油第三次发放。这次库存石油的发放颇具争议，许多分析员和从业者认为发放没有必要，并具有政治动机。国际能源署声称，这次行动是为了应对利比亚内战造成的石油供给短缺。然而，在那段时期，石油供给量和价格均保持在相对稳定的水平，而且库存石油发放后并没有引发重大的价格反应——西得克萨斯轻质原油现货平均价格在2011年1月为89美元/桶，当年6月（库存石油发放的月份）为96美元/桶，当年12月则为98美元/桶（国际能源署，年度报告，c）。之

## 第15章 政治影响

后不到一年，2012年美国总统选举季，美国政府要求再次发放库存石油。那时美国的石油价格相当高，政府官员表示愿意发放库存石油来为驾车民众减轻负担。虽然被要求采取行动，但是国际能源署拒绝发放并指出，石油供给中断并不明显（金融时报，2012）。40年后，应急库存石油的制度仍在实施。

个别石油进口国制订了自己的计划来确保进口石油量。石油被广泛地视为一种不可或缺的商品，但是其供给量在政治上具有不确定性，因此政府通过贸易协议为海外石油生产项目提供财政支持或进行直接投资，以确保进口石油量，从而加强在石油供给上的介入。21世纪，中国和印度均经历了快速的经济增长，石油进口需求也迅速增加，政府与国有石油企业开展积极合作，为其在全世界不同地区的石油行业国外投资提供支持，以确保满足不断增加的进口需求。

在过去60年里，中东地区的石油供给量占全球石油供给量的份额具有压倒性的优势。20世纪40年代，中东地区石油的大规模生产早已引人注目。该地区虽然地理面积较小，但是自20世纪50年代末期以来，其石油产量约占到全球产量的四分之一（Darmstadter，1971），到21世纪上升至近三分之一（BP世界能源统计年鉴）。

由于中东地区对全球石油供给具有关键意义，而该地区许多国家的政治环境不够稳定，因此许多中东地区以外的机构对该地区实施政治干预，以公开或隐秘的方式确保他们对石油的控制。第6章，我们列出了因政治危机而造成的十次重大的石油供给中断事件（图6.1）。我们指出，事实上所有的这些事件均集中在中东地区，大部分参与者来自该地区之外。但是外方介入不仅仅只与石油供应中断相关。根据Dan Yergin（1991）的历史概述，美国、英国等主要外方持续对伊朗、伊拉克、沙特阿拉伯等主要中东国家进行政治、外交和军事方面的介入，以期增强或至少维持其在石油供应和处理上的影响力。虽然不是石油进口国，但是苏联/俄罗斯也保持积极介入，企图通过控制化石燃料供应来实现其在全球的政治统治力。假如没有石油，那么中东地区可能不会存在任何外方介入，这绝非胡乱猜想。

## 石油进口国未来更为宽松的政治环境

我们断言，随着石油利润水平正常化、石油资源变得更充裕且石油获取方式也更为多样化，石油使用变得没那么紧迫，石油进口国对政治介入和控制的欲望也将消散。

我们设想的这个场景并非史无前例。20世纪60年代，石油供应相当充裕，全球石油产量在1960—1970年之间翻了两倍，达到4800万桶/天，尤其是伊朗（245%）、沙特阿拉伯（146%）和苏联（140%）产量大幅增加。美国的石油产量在1970年达到顶峰，随后的38年里出现持续下降，但是在20世纪60年代，其产量涨幅也高达37%。由于中国、尼日利亚、阿联酋等国在这十年里也开始生产石油，并成为主要的石油供应国，石油供应实现了多元化（美国能源信息署网站，2014）。这一时期，石油政治一直处于相对平静的状态。

石油出口国主要关注的从激烈的竞争中脱颖而出，在快速增长的石油市场中维持市场份额。石油进口国几乎不用担心自己的石油需求，在这十年里，石油价格（以实值计）下跌了约30%（Yergin，1991）。

如果我们描绘的场景成为现实，那么利益的天平将向石油进口国倾斜，正如20世纪60年代一样。但是还需注意的是，页岩油革命在国际的蔓延以及随后的价格下跌总的来说将为全球经济带来巨大优势。页岩油革命意味着重大的石油发现，而技术上的突破让这些石油的开采变得可行，这样便会为全世界带来整体利益。

对于依赖于国外供应的所有国家来说，石油价格下跌，石油进口的成本也将随之降低。对于有望通过石油革命扩大国内石油供应的国家来说，国外石油的开支将进一步削减。这种影响对于中国和美国尤为明显——中国和美国的石油进口量分别占全球的13%和16%，二者的总和几乎占全球的三分之一（BP世界能源统计年鉴）。石油进口国当前的账户余额将增加，但是如第13章所述，这些改变将在很长一段时期内发生，逐年来看不会对宏观经济产生大的影响。

过去几十年，石油行业的投资具有很高的外商成分和政治性，投资的目的是确保投资国的进口需求。这种现象在中国和印度狂热的国外投资中尤为明显，但绝非独一无二。这两个国家的政府在投资中起到非常积极的作用。为了积累经验、获得可以应用于国内石油行业的技术知识，中国和印度进一步加强了在美国、加拿大等先进石油生产国的投资。例如，2010—2012年，中国在美国和加拿大的石油行业的投资额约为170亿美元（华尔街日报，2012）。其中一部分投资是在

## 油价真相

页岩油领域，以便中国公司可以获得必要的专业技术，用于开发本国巨大的页岩油财富。

国外投资很有可能继续占据主导地位，因为许多现有的和潜在的未来石油生产商将继续依赖于外资来实现扩产目标。随着石油革命带来充裕的石油供应量，不同的是，各项投资的商业前景将更好，而投资者确保其进口需求的政治意图将变得意义不大。如前所述，一些外国投资者（尤其是中国和印度）通过继续在拥有复杂技术的国家投资来学习最先进的石油开采方法，这些国家一定会从中获益。以知识转移为目的的投资很有可能占据主导地位，且有助于提升全球石油革命的蔓延速度。

我们在前文中提到过，石油价格下跌很有可能导致石油生产国政府从石油中获得的税收和红利减少。石油生产商的竞争加剧势必会进一步降低上述收入。供应过剩的趋势将增强石油进口国政府在石油租赁的议价能力。不考虑与石油相关的重大环境和气候问题（见第14章），由于在石油价格下跌的情况下，税收上涨时石油消费者更易摆脱影响，从而促进石油进口国对石油消费者提高税收。

在石油供应多元化和过剩的情况下，石油进口国采取政治行动（如通过外交或军事干预来解决对石油供应造成威胁的冲突）的紧迫感大大降低。如果"爆发"冲突，石油出口国可能会失去外国石油投资，这是一个重大的商业风险。与此相反，虽然石油供应保证面临具有政治内涵的风险，但是当出口需求可以轻易通过冲突地区以外的其他石油来源满足时，这种风险就不复存在了。关于页岩油革命和常规石油革命对政治风险的重要意义，我们将参考案例中到2035年石油供应的增加量——3900万桶/天（见第11章）与2014年整个中东地区的石油出口量——1980万桶/天（BP世界能源统计年鉴）并列在一起，得出一个引人注目的观点。如果中东地区所有石油出口突然停止（这种情况几乎不可能发生），必将会导致深远的全球石油危机；但是石油革命后，石油供应量巨额增长，即使中东地区所有石油出口戏剧性地消失，也不会宣告世界末日的到来。

过去几十年，其他国家为确保稳定的石油供应对中东地区进行的政治干预事实上加剧了受到政治干预的中东国家的政治不稳定性，最终导致石油产量和出口量的波动。这个推测并不牵强。图6.1所示的重大供应中断事件以及表6.2所列的因资源诅咒导致的产能衰减现象为上述设想提供了凭证。我们猜测，在没有外国势力为确保石油供应［例如：俄罗斯（苏联）为维持在石油使用和去向上的强大政治影响力］而滥用权势的情况下，中东地区的政治环境将更加稳定。如果页岩油革命和常规石油革命以及随之而来的石油供应过剩，造成外国对中东地区失去政治兴趣并部分退出政治干预，那么资源诅咒的影响将不再具有那么大的破坏性。

# 结论

# 第16章
# 我们学到了什么

最后一章简要总结了前文讨论所得的主要结论。内容包括：资源枯竭与技术力量和人类创造性、政治活动的破坏力、页岩油革命和常规石油革命与气候政策之间的联系以及精确地预测未来时过度地联系现在的谬误。分析过程中的一些发现非常引人注目，必须承认，这些发现让我们自己都感到惊讶。但是，这些发现是通过非常谨慎的假设和合理的方法得到的。

## 资源枯竭并非根本动力

我们在撰写本书以及在整个职业生涯中着手解决自然资源经济学问题时，得出一个具有说服力的结论——资源枯竭会阻碍资源产量增加，或造成资源成本和价格上升从而导致资源需求收缩这一说法是不恰当的。

枯竭是一个在心理上有吸引力的概念。按照定义，可用的可耗竭性资源是有限的，因此资源耗尽是必然结果。当我们在大学课堂里提出一个另类的观点，并试图说服学生时，我们遇到了很大的困难。在我们看来，人性中有一种根深蒂固的需求，希望能对即将到来的世界末日有先见之明，这种态度很难克服，因为它看起来像是根植于人类内心深处的生存机制。在历史上，人们描述的世界末日的形式各不相同，但是近100年来，因自然资源枯竭而产生的灾害（自然灾害和环境灾害）——如罗马俱乐部（Meadows等，1972）或"石油峰值论"拥护者（如Campbell，1997；Aleklett，2012）所述——可能是人们描述世界末日的主流形式。

## 油价真相

在对自然资源经济学的研究中，我们不能引用任何上文定义的可耗竭性资源的实例。相反，我们可以引用一些这样的实例——原来有价值的但是利用度有限的资源因种种原因变得无价值，因此仍处于未开采状态。我们的实例（Radetzki，2010b）包括石棉和水银、海鸟粪以及高价值的英国煤炭资源。石棉和水银由于被发现对人体健康有害，其使用量急剧下降；自20世纪初期的化学技术进步产生人造肥料以来，海鸟粪便失去了竞争力；150年前，人们担忧英国煤炭资源将会枯竭（Jevons，1865），但是随着替代能源取代了英国煤炭的关键作用，现在这些煤炭资源已经变得不经济，需要借助国家补贴才能进行开采。我们也能以可再生资源为例。可再生能源很少出现在关于世界末日的争论中，但是事实上已经面临枯竭问题。有关过度使用和资源枯竭最经典的例子是古罗马时代意大利半岛的森林。全球渔业也是同时期的一个枯竭案例，尽管养鱼业的发展大大增加了消费者能获得的鱼的数量，但零售柜台野生鱼价格的暴涨。

随着探明储量和可开采资源量的不断增加和资源稀缺性变得越来越遥远，100年前经常困扰人类社会的资源稀缺性问题逐渐变得没那么严重，同时那段时期的开采量翻了10~100倍，这似乎是一个悖论。人类创造力是一股超强的力量，多次登上历史舞台，解决出现的枯竭威胁。沙特石油部长Sheikh Zaki Yamani称，石器时代不会因为石头的耗尽而结束，石油时代也不会因为石油枯竭而结束。这一观点包含着人类的基本智慧。历史为我们提供了强有力的证明——实际上，"可耗尽"资源完全不会被耗尽。

第16章　我们学到了什么

大约十年前，石油价格（以及大部分商品的价格）开始显著上涨，于是出现了"石油峰值论"恐慌，很多人都预测资源稀缺将导致产量快速收缩，那些表示恐慌的人明显忽略了页岩油革命即将来临。这些恐慌不局限于恐惧传播者。将这些言论当真的石油生产商和公共政策制定者也受到了影响，造成了更大范围的困惑。

我们在之前的章节中已经证明，石油开采技术的突破性进展已经颠覆了我们对石油资源可用性的认识——石油资源不是不足，而是极为丰富。无可否认，自2005年以来的高昂的石油价格促进了技术革新。同时，需要强调的是，到目前为止，页岩油资源的全球开采才刚刚开始，页岩油革命也只是刚刚拉开帷幕。这次我们学到的是，资源枯竭是一个不具现实意义的威胁，技术进步具有解决资源枯竭问题的非凡潜力，同时，人类丰富的想象力和创造力将人类进一步带离资源稀缺的现实。

## 政治家把事情搞砸的杰出能力

从本书的讨论中可以得出的另一个结论是，关于石油资源报酬及其使用的政治纷争具有重大的破坏力。我们认为，即便手段仁慈的领导者做出的政治干预，无论是国内还是国际干预，通常都会造成破坏性的冲突，阻碍了许多石油出口国的产能增长，甚至导致一些石油出口国产能显著下降。

## 油价真相

政治干预的性质各不相同,包括杂乱无章的国有化以及国有企业的低效管理。企业由不合格的政治任命者掌管,并被要求完成非生产性的目标[1]。在许多情况下,由于政府贪婪,石油行业的利润被榨干,缺乏用于扩充或维持产能的投资。石油生产国的平民主义的政治领导人在石油行业实施挥霍无度的石油补贴计划,进一步加剧了石油行业的财务紧张。归国家所有的石油收入,有时还被用于为损失惨重的国外政治冒险主义提供经费。在其他情况下,石油财富吸引了国外掠夺者,从而造成浩劫。

我们将这些现象称为"资源诅咒",并认为它们是在过去四十多年里石油价格表现异常的主要原因。从石油生产/出口国的角度来看,石油价格高昂当然是一件好事,但是考虑到诅咒带来的混乱,高昂的价格也很可能对利益平衡造成极为不利的影响。即使只关注价格和出口收入,从长远来看,当我们考虑高昂价格造成的市场萎缩时,石油生产国获得的净利益也是不能确定的。就这一点而言,沙特阿拉伯在20世纪80年代(第2章)的经历就是一个案例。

对于病态的政治制度引发的混乱和冲突,我们没有明确的补救措施,但是值得注意的是,随着页岩油革命和常规石油革命走向成熟,石油价格下跌,石油资源报酬不再那么超乎寻常,"资源诅咒"也会受到抑制。

---

[1] Victor等人(2012)对因政治干涉造成的国有企业缺陷进行了综述。

第16章 我们学到了什么

## 革命及气候政策

本书的主要阐述对象是石油,但是从美国迄今的经验来看,革命显然对天然气的产量具有同等的影响。由于从21世纪第一个十年的中期开始,天然气产量得以增加,天然气价格在2008年之后出现下跌(Aguilera和Radetzki,2014),造成大量燃煤发电设施停运,被天然气发电设施取代。这样,美国的$CO_2$排放量在2007—2012年期间下降了10%(Hasset和Mathur,2013)。

随着更低价、更洁净的天然气在发电领域取代煤炭的地位,类似的减排情况将在全世界各地出现,这就是革命的气候效益。但是,通过第14章的分析可以清晰地看出,在其他条件不变的情况下,如果没有政策反应,革命将大幅增加化石燃料的使用量,并进一步加强化石燃料在更长一段时期内的支配地位,从而对气候及气候政策产生更根本的影响。

石油价格从2011—2014年间的100美元/桶下跌至2035年的60美元/桶或40美元/桶(以2013年常币值计,见第12章),石油的竞争力将显著提升。随着石油价格下跌,以减排为目标的气候政策的成本将会上升。石油使用量上升会造成碳排放量增加,补贴或税收则是应对这一现象的主要政策工具。如果石油价格下跌至100美元/桶水平之下,那么就需要采取更深层次的干预措施。随着革命走向成熟,将需要为太阳能、风能及其他可再生资源提供更多的补贴,以便它们能与石油及天然气竞争。这些补贴通常被纳入政府预算,因此最终由纳

## 油价真相

税人承担。如果要抵消因价格下跌为石油带来的竞争优势（与革命之前的情况相比），则需将石油或温室气体排放的税收调高。温室气体排放国和（或）化石燃料消费国将面临更高的成本，并最终承受税收负担。能显著改变这一现象的另一方案是为碳捕捉和储存技术提供政策支持。假设技术和经济上的巨大障碍已经克服，上述方案将进一步增加化石燃料的使用量，同时缓解有关碳排放量的问题。

由于本书主要是讨论石油及石油价格，因此在我们的阐述中，气候政策仍然是一个边缘性主题。但是需要指出的是，对于石油使用的成本、随后的石油消费水平及最终的石油产量而言，气候政策可能起着决定性作用。如果气候政策具有足够的"雄心"，石油消费成本可能会上升至消费者难以承受的水平，石油消费量可能会降至零。

气候政策的雄心水平仅能通过政治的方式确定。我们惊奇地发现，一方面，世界主要政治家对即将到来的气候突变发表的声明各不相同；另一方面，自1997年京都议定书之后，他们关于为稳定全球气候而采取严厉（和代价高昂）的措施的政治意愿也不一致。2009年哥本哈根气候协商的失败就是上述分歧的一个显著的例子。这种现象让我们对在可预见的未来实施严厉的气候政策更加质疑。我们认为，总的来说，未来20~30年内，石油在满足全球能源需求方面将继续保持支配地位。如果我们的观点是正确的，那么资产搁浅现象将不会困扰石油行业，反而对于越来越不具竞争力的可再生能源而言，资产搁浅将成为残酷的现实。

# 第16章　我们学到了什么

## 预测的谬误

即使最具影响力的变革者也很难在变革出现之前注意到它。古典经济学之父Adam Smith（1723—1790）在世时将出现在他周围的工业革命迹象记录了下来。但是，即使对经济的运作方式具有深刻的见解，Smith也没有发现工业革命仅仅是社会颠覆性变化的开端。

页岩油革命出现的时间不到十年，且目前基本上仅限于美国，而常规石油革命才刚刚开始。负责分析能源图景的公共机构在追溯能源历史演变和预测能源未来动态时持保守态度，这一点不足为奇。不过，令我们感到惊讶的是，一方面，随着近年来石油革命向前开展，有关革命前景的预测每年都会发生巨大变化；另一方面，公共机构分析员始终认为从长远来看，石油革命前景黯淡。在我们看来，业内主导部门的预测缺乏想象力，因为他们在展望未来时无法挣脱当前形势的束缚。分析员们预测时似乎保持着"老生常谈"的态度，完全不会联想到会发生颠覆性的变化。无法感知和预测革命所带来的根本变化是一个常见的现象。同时，"老生常谈"的预测还比较安全，预测者/观察者不用采取一个传统观察者认为不现实的虚幻立场。

与革命结果的普遍预测相比，我们对革命未来动态的观点显得奇异，这正是因为我们的预测摆脱了上述束缚。我们采用简单而合理甚至谨慎的方法，客观地看待正处于完善阶段的新技术，并问自己这些技术成熟后会带来什么结果。得到的答案很多，因为这些技术对于石

## 油价真相

油开采而言，是一场真正意义上的变革。

当然，我们可能是错的，而美国能源信息署、国际能源署、国际货币基金组织等机构关于石油前景的"传统观点"可能更接近实际情况。但是我们注意到，科幻小说家那些被当代人嘲笑的想象，几十年后很多成了真正的科学，并应用于现实生活中。如果总是墨守成规，那么预测未来时只能得到一个毫无生趣的结果，并可能导致错误的认知。

## 读石油版书，获亲情馈赠

亲爱的读者朋友，首先感谢您阅读我社图书，请您在阅读完本书后填写以下信息。我社将长期开展"读石油版书，获亲情馈赠"活动，凡是关注我社图书并认真填写读者信息反馈卡的朋友都有机会获得亲情馈赠，我们将定期从信息反馈卡中评选出有价值的意见和建议，并为填写这些信息的读者朋友**免费**赠送一本好书。

### 《油价真相》

**1. 您购买本书的动因（可多选）**

☐ 书名　　　　☐ 封面　　　　☐ 内容　　　　☐ 价格
☐ 装帧　　　　☐ 纸张　　　　☐ 双色印刷
☐ 书店推荐　　☐ 朋友推荐　　☐ 报刊文章推荐
☐ 作者　　　　☐ 出版社　　　☐ 其他_____

**2. 您在哪里购买了本书（若是书店请写明书店地址和名称）？**

_____ 购书时间 _____

**3. 您是怎样知道本书的（可多选）？**

☐ 报刊介绍_____（报刊名称）　　☐ 朋友推荐_____
☐ 网站_____（网站名称）　　　　☐ 书店广告
☐ 书店随便翻阅　　　　　　　　　　　☐ 其他_____

**4. 您对本书的印象如何（可多选）？**

封面：☐ 新颖　　☐ 吸引眼球　☐ 一般，没创意　☐ 不适合本书内容
内容：☐ 丰富　　☐ 有新意　　☐ 一般　　　　　☐ 较差
排版：☐ 新颖　　☐ 一般　　　☐ 太花哨　　　　☐ 较差
纸张：☐ 很好　　☐ 一般　　　☐ 较差
定价：☐ 太高　　☐ 有点高　　☐ 合适　　　　　☐ 便宜

**5. 您对本书的综合评价和建议（可另附纸）。**

_____
_____

● **您的资料：**

您的姓名_____　性别_____　年龄_____　职业_____
学历_____　电话（写明区号）_____　手机_____
电子邮件_____　邮编_____
通信地址_____

● **我们的联系方式：**

地　　址：北京市朝阳区安华西里二区18号楼，石油工业出版社综合楼1103室，曲会
邮　　编：100011　　　　　　　　网址：www.petropub.com
销售部电话：010-64523633　　　　编辑部电话：010-64523609